·识字读国学·

100字
读懂《周易》

一苇 著

齊鲁書社

遂古之初，谁传道之？

上下未形，何由考之？

冥昭瞢暗，谁能极之？

冯翼惟像，何以识之？

明明暗暗，惟时何为？

阴阳三合，何本何化？

圜则九重，孰营度之？

惟兹何功，孰初作之？

斡维焉系，天极焉加？

八柱何当，东南何亏？

九天之际，安放安属？

隅隈多有，谁知其数？

天何所沓，十二焉分？

日月安属，列星安陈？

——屈原《天问》

天何言哉（导言）

《周易》是一本不折不扣的奇书。

它让中国人着迷了两千多年，也敬畏了两千多年。

《周易》在历史上受到的礼遇非比寻常，归纳起来，大约可概括为三大怪。

第一怪，儒家一向看重仁义，崇尚礼教，却把《周易》放在《春秋》《三礼》诸经之前，奉为群经之首。

第二怪，不唯儒家，道家也把《周易》奉为圭臬，并成为其重要的理论源泉。源自儒家经典《周易》思想的太极八卦图，后来居然成为道家的标签。更为有趣的是，《周易》在外来佛教本土化的建构过程中，也起到至关重要的作用，并成功融入到后世佛教的血液当中。《周易》最终成为儒释道三教共同尊奉的圣典。

第三怪，秦始皇焚书坑儒，一把火烧尽天下藏书，却放了《周易》一条生路。有人说，这可能是由于《周易》本是一部卜筮书的缘故，其实毋宁说，即使是身居偏地的秦人，骨子里也难免沉淀了对《周易》的敬畏。

那么为什么《周易》会有这么崇高的地位，《周易》中到底写了些什么?

其实,《周易》本不能视作一本书,它归根结底是一座宝藏,其中蕴藏着人类认识宇宙的全部真理。

既然是全部真理，如果我们不能建构起一个完整的大一统理论，那么就无法描述《周易》的全部层次。但这并不妨碍我们以极大的好奇心，试图去探索这个巨大的宝藏。

因此在这里，我们不妨尝试梳理一下头绪，看看《周易》都讲了些什么。

第一，宇宙是从无到有的，这个“无”却又不是一个绝对的无，所以我们所面对的世界是一个非空非有、非非空非非有的世界。后世的学者经过不懈的努力，初步描绘出《周易》的宇宙生成论。

第二，万物之间皆有联系，宇宙是全息的。

第三，宇宙从创生开始，就处在永不停歇的变化之中，也就是说宇宙是永动的。反过来说，宇宙中分布的所有时空点又都是绝对静止的，是我们的认知把这些时空点串连起来，所以宇宙才表现为永动。

第四，宇宙和宇宙中万事万物永不停歇的变化有它自身的规律。比如物极必反，比如阴阳互根，比如有阳必有阴、有生必有死、有利必有弊。生活当中，有所得就必有所失，此刻的好事未必是他时的好事，对甲有利的事未必对乙有利，等等。所以勿求完美，因为完美是毁灭前的最后一束光焰。

第五，宇宙以及宇宙间万事万物的运动和变化都是采用一种旋转方式，无论是球形、弧形，还是螺旋形，都是一种旋转，并在旋转中循环往复，以至无穷。

第六，大道至简。

《周易》告诉我们的是，宇宙是可以被理解的。

但《周易》成书的年代离我们过于久远，种种原因妨碍了我们对《周易》文字的解读。所以，读懂《周易》并不能局限在对《周易》文本的解读，而是对《周易》精神的解读。

尽管如此，这本小册子还是选择从解读文字入手，以求窥探《周易》中蕴含的玄机。

学《易》的人往往有这样的体会，读了大量有关《周易》的书，却依然一头雾水，甚至读得越多越糊涂。原因是这些历代的易学家解读《周易》有很强的随意性，往往越是我们想搞清楚的地方偏偏避而不谈，而是连篇累牍地讲他自己的理论，实在不适合普通人阅读。

直到民国以后，开始有学者尝试啃《周易》文字的硬骨头，有人甚至逐字逐句释读《周易》，逐渐有了一些收获。比前代学者幸运的是，我们生活在一个资料丰赡的时代，各种文献的陆续出土，给我们提供了前所未有的帮助，有了这些帮助，也许我们会离真相更接近。

当然，作为个体，每个人都有自己的知识盲区，所以，对《周易》文本的解读没有定论。本书也不例外，也不过是一家之言而已。但如果能给阅读者带来一点思考，就算不枉费这番焚膏继晷的笔墨了。

屈原以《天问》问天，可是“天何言哉！”天既不言，还是翻开《周易》，看看答案藏在哪里吧。

还有几句话需要交代一下。

因为这本书的本旨是普及易学常识，所以全书尽可能用浅显的文字解读《周易》，但《周易》毕竟有其深奥和复杂的一面，比如筮法和象数，仍会有部分文字因为看不到演示，读起来难免吃力，其实读者遇到这样的段落（好在数量有限）大可以跳过去，空闲的时候再仔细消化不迟。

另外，每章章题页的古字多是该章重点探讨的文字。跟在释文后面的小字简称对应的来源分别为：甲——甲骨文、金——金文、古——《说文》古字、篆——《说文》篆字、竹——竹书文字、帛——帛书文字等。

目　录

上篇

说说《周易》

>>>

周易：

天道循环，生生不息

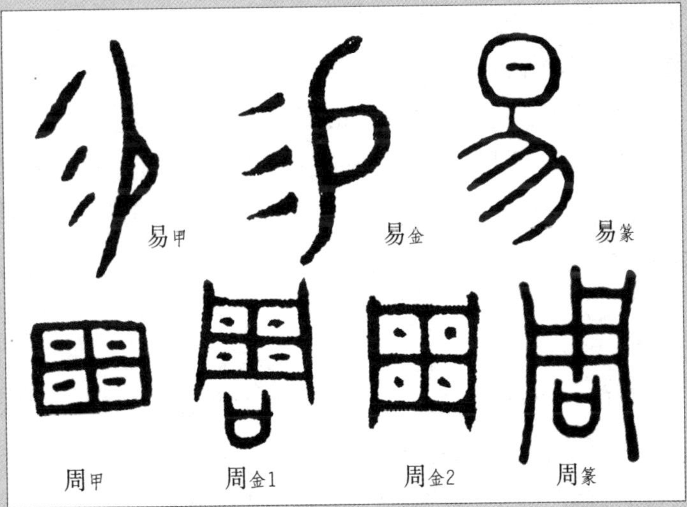

《周易》为什么叫《周易》？

历代先贤就这一主题讨论了上千年，终究没有得到一个让所有人信服的答案，结果一直把这个谜留到了今天。

那么我们应该如何解读“周”“易”两个字？可以说，这是一个探索《周易》绕不开的话题。

先看“周”是什么意思。

历史上主要有两种解释：第一，周朝。第二，周遍、周密、周而复始。

相传古有三易，夏用《连山》，殷用《归藏》，而周代所用《易》与《连山》《归藏》皆不同，所以，以朝代名之，称作《周易》。

《连山易》以艮卦起，艮为山，山山连绵，所以叫《连山》。《归藏易》以坤卦起，坤为大地，万物皆归藏于大地，所以叫《归藏》。既然《连山》《归藏》不称《夏易》《殷易》，如何推导出《周易》为周朝之《易》的结论？看来，“周”为周朝的说法有比较大的疑问。

第二种说法是对《易》的性质的一种界定。

“周”字甲骨文多作“”。字形的解析可归纳为三种：一是象田中盐结之形，为古“卤”字，借为“鲁”；二是象带格的盒子里装有金粒，意为周密；三是象方格纵横的雕刻，为“彫”的古字。

这三种解释恐怕都不是“周”的本义。

“周”字的起源应当与农业有关，纵横的格子象阡陌遍布的农田，中间的小点象在农田中掘土撒种。传说周的始祖后稷“播时百谷”，成为华夏农耕文化的开拓者。由于后稷及其后人的辛勤劳作，周人聚集之地阡陌纵横，农业发达，所以周人将所居之地名为“周”。后稷生活于尧的时代，而《连山》《归藏》则可追溯至神农、黄帝。从《连山》《归藏》到《周易》，可以看出古代先民生产、生活的变迁。《连山》时代，人们居住于山，只能靠打猎和采集为生。《归藏》时代，人们来到大地，除了传统的生存方式之外，可能已开始探索养殖和稼穑。《周易》时代已完成了农业的发明，人们居住在阡陌纵横的平原，日出而作，日入而息，进入孔子曾经竭力渲染的大同社会。这一时期，相当于仰韶文化时期和龙山文化时期之间，从各地同时期遗址出土的文物可以看出当时农业的发达程度。

用农田阡陌纵横的象形作“周”字，可以涵盖“周”的诸多义项。农田一望无际，有周遍义；庄稼繁密茂盛，有周密义；阡陌交错可以任意回环，有周匝义。

农业的特点之一是靠“天”吃饭，二十四节气的划分就是农耕文明的产物。以发达的农业为特色的周人于是把目光转向浩瀚无垠的天空，而天恰恰就是最大的那个“周”。天可以把一切包围其中，所以《周易》是以乾卦起，表达的是日月运行，天道循环，春夏秋冬周而复始。古时有天圆地方的思想，后人多把“天圆地方”简单地归结为古人对天地形状的认识，并以此为据讥笑古人的幼稚。其实“天圆地方”说的是天地之性，天有“圆”性，地有“方”性，方静而圆动，以车毂为例，内方所以固定，外圆所以能转，一静一动，一阴一阳，二者相互对立、相互依存，这就是天与地的关系。《周易》的“周”即为“周圆”的意思，由此可见，周朝的《易》因起于乾卦，而乾卦为天，天性周圆，所以称作《周易》。

至此，真相浮出水面，原来《连山》《归藏》《周易》，其实就是山易、地易、天易的别称。

关于“易”字，也有多种解释。传统上一般释为简易、变易和不易三义。

“易”，《说文》释为蜥蜴的象形，蜥蜴多变，所以“易”有变化义。但甲骨文作“”，金文作“”，都看不出和蜥蜴有什么关系。至于所象何意，迄今未有定论。较为勉强的解读有两种：一是象日被遮一边，左侧的三撇为日发出的光，是一种天气变化的情况，有变化之义；二是象有物从容器中（如熔化金属的坩埚）倾倒出来，此物即是锡，在金文中多借作“赐”的意思。

伏羲画卦图

《周易》的“易”当与占事、占人有关，即“易”就是占的意思。但所以用“易”字，是取其简易、变易和不易之义。

此三义《系辞》中均有涉及：

“乾以易知，坤以简能；易则易知，简则易从。”说的是简易。

“生生之谓易”，“易穷则变，变则通，通则久”。说的是变易。

“易无思也，无为也，寂

然不动，感而遂通天下之故。”说的是不易。

据此推测，《周易》之名表达的应该是天道循环往复、无所不在的变化规律。

《周易》最根本的思想可以概括为：事物有阳则必有阴，阴阳的变化是永恒不变的真理，而无论如何变化必有其内在的规律，这种真理周遍于宇宙，大到日月星辰，细到草芥纤尘。如果用一句话来概括，则为：世间唯一不变的是一切都在变。

《周易》从本质上说是一部卜筮之书。从大的系统看，《连山》和《归藏》应该对《周易》的最终形成有所贡献。《连山》和《归藏》虽然已经失传，但从种种迹象看，此二易已各自有较为成熟的体系，所以不会是最早的易法，易这种卜筮的传统，应当有更古老的源头。三易的筮法都是以八卦为基础的，所以，八卦的形成是易法的源头。《系辞》说，八卦是由伏羲氏发明的，他“仰则观象于天，俯则观法于地，观鸟兽之文与地之宜，近取诸身，远取诸物，于是始作八卦，以通神明之德，以类万

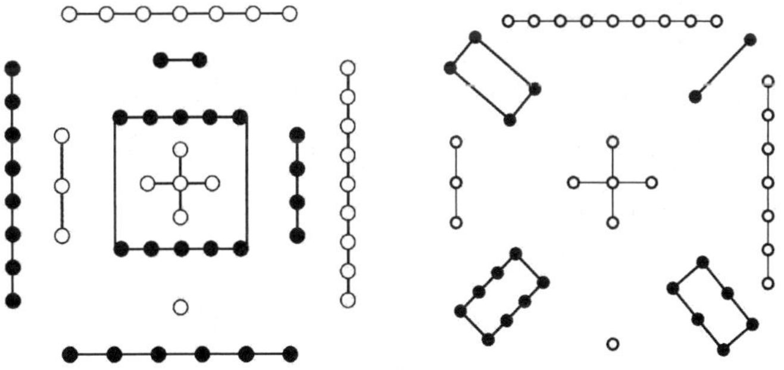

河图洛书

物之情”。伏羲当年上观天象，下观地法，中观鸟兽纹理，到底发现了什么？随着这本小册子话题的慢慢展开，每一个人会有自己的答案。

到纣王囚禁西伯姬昌（即周文王）时，伏羲八卦已经不是什么新鲜事。但西伯不同凡响的是把八卦两两相叠，竟演绎出八八六十四卦，六十四卦每卦六爻，一下子出现了三百八十四爻，易的规模蔚为壮观，由此而派生出一系列的变化。

伏羲氏和周文王创八卦、演《周易》虽然见于记载，但我们只能把它视作神奇的传说。《周礼》中记载，《连山》《归藏》与《周易》一样，都有八经卦和六十四别卦，从后人辑佚的《连山》《归藏》文字中，也可以见到别卦的踪影。但我们宁愿相信，周文王对《周易》的形成应该有所贡献。

易占系统的形成和《周易》的形成还有许多传说，如《系辞》所说：“河出图，洛出书，圣人则之。”总的来说，《周易》的起源还只能停留在传说。但从出土的与卦爻相关的资料看，早期的卦爻形式和我们现在见到的样子会有很大的不同。今本《周易》留下了不同时代的烙印。

《周易》的基本内容为象、数、辞、义。最为直观的是卦象与卦爻辞，正是这两部分构成《周易》文本。这些内容将在后文不同的题目中有所交代。

《周易》是历史上最为幸运的一部典籍。

它的第一个幸运是逃过了秦火。秦始皇焚书坑儒，诸子百家的著作都无法幸免，《周易》却以卜筮之书的身份逃过一劫。

逃过了秦火的《周易》因为汉儒的追捧，成为一时的显学，并荣登儒家群经之首。不仅如此，它的特殊的卜筮功能还让它跨越了儒、道的界限，走入了道家的视野。

大成气候的《周易》在两汉以后，顺着两条不同的道路从历史中一路走来。一条道路是儒家的易学之路，如汉代的象数学、魏晋的玄学、宋代的义理学等。另一条道路则继承了《周易》占筮的传统，如纳甲筮法、梅花易数，甚至后代的命理学、风水术也借鉴了《周易》的理论。

《周易》是一座巨大的宝藏，千百年来成为我们中国人认识论和世界观的重要依据之一，甚至渗透到我们的民族基因之中，以潜意识的方式决定着我们的眼睛和头脑，只是“百姓日用而不知”而已。

打开宝藏的大门，让更多的人享受祖先留给我们的财富，是我们共同的心愿。

卦爻：把深藏的奥秘挂起来

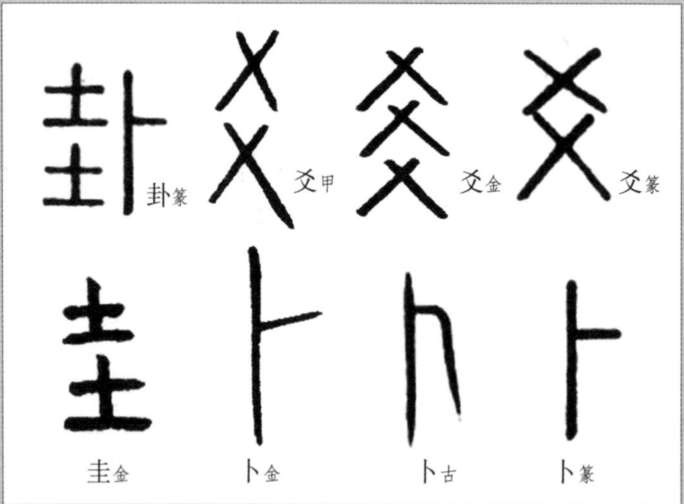

《周易》古经的主体即由卦象和卦爻辞组成。

以《周易》开篇的乾卦为例：

首先是卦名卦象“乾䷀”，然后为卦辞：“元亨利贞。”下面则是初九、九二、九三、九四、九五、上九各爻极为简略的爻辞。一共六十四卦，卦卦如此。一部《周易》就是这些内容。

唯一有些特殊的，是乾、坤两卦多出用九和用六两段文字，其余的体例则完全相同。

《周易》的主体为六十四卦，卦由爻组成。那么，卦和爻究竟是什么？

我们先来看一下“卦”字。《说文》说：“卦，所以筮也。从卜圭声。”专指占筮而成的卦，由“圭”和“卜”两个构件组成。“卜”在此为占筮义，“圭”为一种礼器。

圭的起源当与土地的崇拜有关，其成字结构完全是坤卦的另一种形式，坤卦为下坤☷上坤☷，组成䷁。坤为地为土，则坤卦为下土上土，而圭字亦为下土上土。《周礼·春官》：“土圭以致四时日月，封国则以土地。”这里的土圭是指测日影，日影照在土地上，同样与土地有关。《说文》说：“圭，瑞玉也。上圜下方，圭以封诸侯，故从重土。”说的也是封国以土地的事。圭的形状上尖下方，而《说文》却说“上圜下方”，下方象地象臣位，上圆象天象天子，上尖则象由下向上通达。所以诸侯或其他臣下见天子要执圭。

从圭的分析看，卦字的命名或许与以坤卦为首的《归藏易》有关。卦的义项大概有两种解释：一是画地记爻，把占筮所得各爻，一爻一爻地画在地上；一是以卦为挂（掛），把世间万象挂在卦象之上。

再看“爻”字。甲骨文作“㐅”，象交错状。最初或许来自于占筮所用的蓍草杂错的样子。《说文》说：“爻，交也。象《易》六爻头交也。”《系辞》则说：“爻也者，效天下之动也。”所以爻有交错杂动之意。

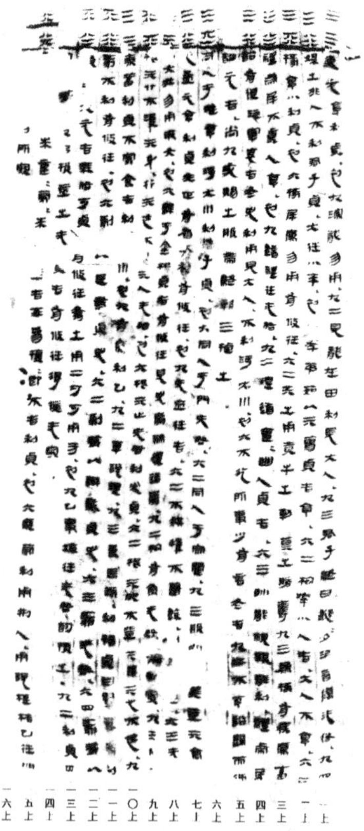

帛书《周易》

爻为卦的基本单位，经卦由三爻组成，别卦由六爻组成。爻共分为两种，一阴一阳，阴爻为⚋，为横线中间断开，象虚形；阳爻为⚊，一条横线，象实形。出土的早期遗物中，有各种数字卦，以数字代表爻，一五六七八都有，以一八或一六为常见。帛书《周易》的卦爻，细看其阴爻非⚋形，似为压扁的“八”，应当是⚋的祖形，象阴。

《周易》中每一卦的爻都有名字，阳爻的名字为初九、九二、九三、九四、九五、上九，阴爻的名字为初六、六二、六三、六四、六五、上六。

之所以用“九”用“六”，是出于《周易》用动不用静的原则。

在筮法中会出现六、七、八、九四种情况。六、八为偶数，所以为阴，六为老阴，八为少阴。七、九为奇数，所以为阳，九为老阳，七为少阳。物极必反，老阴、老阳象征走到极限，即将发生质变，所以要动要走向反面，是动爻。少阴、少阳则还需要一个成长过程，只有量变，没有质变，所以不动。动则用，不动则不用，这就是爻名用“六”用“九”而不用“七”用“八”的原因。

实际上从出土文献看，早期的阳爻用“一”的情况比较普遍，阴爻也常见用“八”，这与早期爻象有关，即以“一”代表阳，以“八”代表阴，不含有动的意蕴。

《周易》的卦分经卦和别卦。经卦共八卦，每卦三爻，阴阳爻三三相叠，会出现八种情况，即☰、☷、☶、☱、☵、☲、☳、☴，分别为乾、坤、艮、兑、坎、离、震、巽。

伏羲先天八卦

文王后天八卦

为方便记忆，有一首《八卦口诀》：乾☰三连，坤☷六断，震☳仰盂，艮☶覆碗，离☲中虚，坎☵中满，兑☱上缺，巽☴下断。

八卦的排法有两种，一种叫“伏羲先天八卦”，一种叫“文王后天八卦”，实际应用中后天八卦使用更为广泛。

别卦是有八经卦两卦一组相叠而成，相叠的结果会出现八八六十四种情况。排列有多种形式，如流行本《周易》的排序、八宫图的排序等。其中八宫图的排序有更强的规律性，相对便于记忆，故附图如下：

八宫图

八宫 / 世魂	乾䷀	震䷲	坎䷜	艮䷳	坤䷁	巽䷸	离䷝	兑䷹
一世	姤䷫	豫䷏	节䷻	贲䷕	复䷗	小畜䷈	旅䷷	困䷮
二世	遁䷠	解䷧	屯䷂	大畜䷙	临䷒	家人䷤	鼎䷱	萃䷬
三世	否䷋	恒䷟	既济䷾	损䷨	泰䷊	益䷩	未济䷿	咸䷞
四世	观䷓	升䷭	革䷰	睽䷥	大壮䷡	无妄䷘	蒙䷃	蹇䷦
五世	剥䷖	井䷯	丰䷶	履䷉	夬䷪	噬嗑䷔	涣䷺	谦䷎
游魂	晋䷢	大过䷛	明夷䷣	中孚䷼	需䷄	颐䷚	讼䷅	小过䷽
归魂	大有䷍	随䷐	师䷆	渐䷴	比䷇	蛊䷑	同人䷌	归妹䷵

至于八宫图的含义和应用，相对比较复杂，暂不展开介绍。细心的读者或许能从中找到变化的规律，这一规律在筮法中具有意义。

关于卦爻辞，我们一开始举过乾卦的例子。本书的下篇即为卦爻辞的解读，可以参看。

占筮：

一束灵草捕捉宇宙的律动

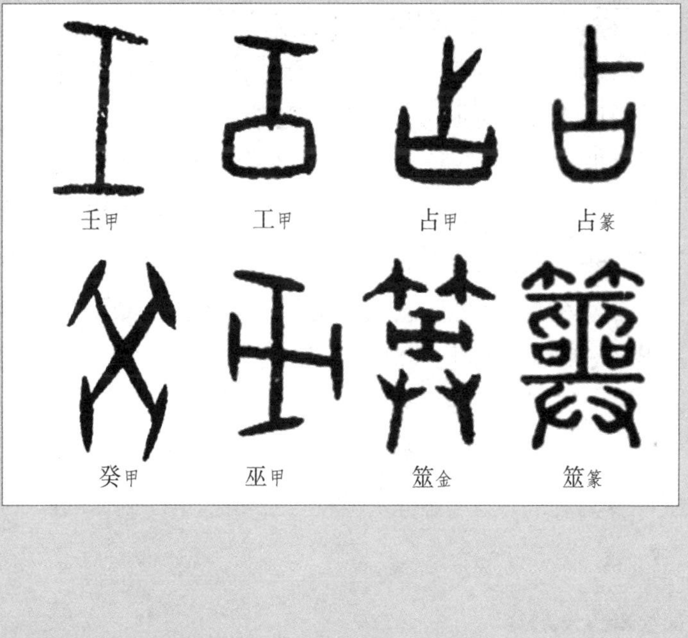

古老的《周易》本是一部卜筮之书。

卜筮是古人的预测术，包括卜和筮两种方式。

卜为占卜，是用龟来占测未来。但从出土的甲骨文看，占卜除了用龟甲之外，也常以动物的骨骼作为材料。甲骨文就是占卜后留下的遗物。卜法早已遗失，后人根据文献和出土资料，尝试推测占卜的方法，有过许多的研究。我们在此着重探讨《周易》，所以，不再展开讨论卜法。

筮为占筮，是用蓍草来占测未来。关于如何用蓍草占筮，孔颖达说：“后代圣人以《易》占事之时，先用蓍以求数，得数以定爻，累爻而成卦，因卦以生辞，则蓍为爻卦之本，爻卦为蓍之末。”

《周易》的基本内容为卦象和卦爻辞。卦爻从何而来？就是从占筮而来，所谓“用蓍以求数，得数以定爻，累爻而成卦”。

那么，古人究竟是如何占筮的呢？

我们先来看一下“占”字。“占”，甲骨文作“”。《说文》说：“占，视兆问也，从卜口。”

“兆问”即占卜所问之事，问答皆须用口，所以从卜从口。可见“占”字最早当与占卜有关，很可能卜法早于筮法，因此筮法的许多术语来源于卜。

占应该是筮法的全过程，先有占问之事，然后用蓍演算，算出卦爻后，再据卦爻释解。

我们再重点分析一下“筮”字。

“筮”，金文作“”。《说文》说：“，易卦用蓍也。从竹𢀖。𢀖，古文巫字。”从金文“”看，由“竹”“巫”“廾”

三部分组成，《说文》亦从竹、巫。可见，最早的筮可能用的不是蓍草之茎，而是竹策。从“巫”字看，最早的筮事应该是由职业巫师来掌握的。文献上说“巫咸作筮”（如《世本》《吕氏春秋》等），巫咸是上古著名巫师，也可以作为佐证。

甲骨文“巫”字作“”，与金文“”中的“巫”字相同。“巫”字由两个“工”（或“壬”字，“工”“壬”二字在甲骨文和金文中常同形）横竖相交组成，和“（癸）”字相像，只是一个是正角度，一个有45°角，象“工”这种用具在旋转中的不同状态。《说文》说：“巫，祝也。女能事无形，以舞降神者也。象人两褎（袖）舞形，与工同意。古者，巫咸初作巫。”可见巫是以舞来行巫事的，只是从甲骨文和金文看，舞动的不是袖子，而是“工”。至于“工”究竟是什么（或许是丈量用的尺子，即“矩”，神用此规划天下），学界难以定论，只能期待于今后的考古发现了。但有一点可以推论，舞“工”的方法应该是旋转。横竖二工，在巫的手中飞速旋转，象阴阳回环，如宇宙万物。这是巫的思想来源，也是筮的思想来源。而从巫和筮均由巫咸作来看，这个巫咸很可能就是巫的鼻祖。

那么，《周易》的占筮之法究竟是什么样了？

《系辞》中有一段文字，含有揲蓍之法。

大衍之数五十，其用四十有九。分而为二以象两，挂一以象三。揲之以四，以象四时；归奇于扐以象闰；五岁再闰，故再扐而后挂。天数五，地数五。五位相得而各有合，天数二十有五，地数三十，凡天地之数五十有五，此所以成变化而行鬼神也。《乾》之策二百一十有六，《坤》之策百四十有四，凡三百六十，当期之日。二篇之策，万有一千五百二十，当万物之数也。是故四营而成《易》，十有八变而成卦，八卦而小成。

后人根据这段文字和占筮实践总结出揲蓍法的过程，大体可分为“过揲法”和“挂扐法”。两种方法的演蓍过程一样，只是计数方式不同，得卦的结果相同。

简单归纳一下，省却筮仪，大概有以下步骤：

准备五十根蓍策，合大衍五十之数。取出一根以象太极。

将四十九根蓍策任意分成两份，象征太极生两仪，始有天地。

再取一根夹在左手小指和无名指之间，即“挂一以象三”，天、地、人三才具备。

以左手取两份中的一份，用右手以四根为一组，数左手中蓍策，即“揲之以四，以象四时”。将剩余的蓍策（或一或二或三或四）夹在无名指和中指之间，即“归奇于扐以象闰”。

以右手取两份中的另一份，用左手以四根为一组，数右手中蓍策，即再次“揲之以四，以象四时”。将剩余的蓍策（或一或二或三或四）夹在中指和食指之间，即再次“归奇于扐以象闰”。

这时候，两次剩余的策数会有一定的规律，即左一右必三，左三右必一，左二右必二，左四右必四。加上“挂一”之策，所得结果只会有两种情况：非五即九。

把一“挂”两“扐”之策放在一边，将两份剩余的蓍策合到一起，完成一变。

然后把合起来的蓍策再次分为两份，以“挂一”“揲四”“归奇于扐”的相同方式重复一遍。

这时候，两次剩余的策数仍然有一定的规律，即左一右必二，左二右必一，左三右必四，左四右必三。加上“挂一”之策，所得结果只会有两种情况：非四即八。

把一“挂”两“扐”之策放在一边，将两份剩余的蓍策合到一起，完成二变。

如此再重复一遍，即三变。三变的结果同二变，即非四即八。

三变完成，即成一爻。

如用过揲法，则计算“挂”“扐”之后所余蓍策。所余之数只会出现四种情况：二十四策、二十八策、三十二策、三十六策。

除以四，则会得到四个数字：六、七、八、九。

六、八为阴，七、九为阳。六为老阴，须变，可画作 ×；八为少阴，不变，径画作▬ ▬。九为老阳，须变，可画作○；七为少阳，不变，径画作▬。

如用挂扐法，则计算三变中“挂”“扐”蓍策之数。因为三变“挂”“扐”非五即九、非四即八，所以只有四种情况：四、五、八、九。四、五含一个四，为奇数，故为阳；八、九含两个四，为偶数，故为阴。三变中会出现四种情况：一阴二阳，为少阴；一阳二阴，为少阳；三阴，为老阴；三阳，为老阳。老阴须变画作 ×，少阴不变画作▬ ▬；老阳须变画作○，少阳不变画作▬。

《系辞》中的“四营”，陆绩的解释是：

“分而为二以象两”，一营；

“挂一以象三”，二营；

“揲之以四，以象四时”，三营；

“归奇于扐以象闰”，四营。

每变四营，三变成爻。完成第一爻，即初爻。然后，再以同样的方法完成其他五爻。由此，从初爻到上爻，完成一卦之筮。

一卦完成后，再将○变为阴爻，将 × 变为阳爻，由此得出之卦（爻变完成后所得卦称作“之卦”）。占筮至此完成。

实话说，只读文字，而不做实际演示，以上这段文字理解起来有一定难度。所以，感兴趣的读者，可以用身边方便取到的物品（如牙签、扑克等）作为蓍草的替代品，做一次实际操作，其中奥妙自然可以领略。当然，如果感觉太麻烦，可以跳过此段，因为还有更容易理解和操作的备选方法，如以钱代蓍法。汉代以后，多采用此法，与揲蓍法相比，取材更为方便，也更容易操作。

以钱代蓍法常见的操作方式如下：

五铢钱

首先选取三枚铜钱，可以是汉五铢，也可以用乾隆通宝。如果都没有，也可以准备三枚硬币。

铜钱有字的一面为面，另一面为背。面为阴背为阳，如人体，胸前的任脉为阴脉，后背的督脉为阳脉。硬币则是有面值的一面为阴，背面为阳。

规定好阴阳之后，把钱放在手中摇晃，然后投在面前。这时候会出现四种情况：一阴二阳，为少阴；一阳二阴，为少阳；三阴，为老阴；三阳，为老阳。老阴须变画作 ×，少阴不变画作╍；老阳须变画作○，少阳不变画作━。

如此完成第一爻，即初爻。然后，再以同样的方法完成其他五爻。由此，从初爻到上爻，完成一卦之筮。

一卦完成后，再将○变为阴爻，将 × 变为阳爻，由此得出之卦。占筮至此完成。

可见，以钱代蓍法比古筮法简单很多，一学即会。

除此之外，值得一提的还有一种听起来十分浪漫的起卦方法，即梅花易数。

梅花易数据说由宋代的易学大家邵雍所创。这种方式不用蓍草，也不用铜钱，完全以随机的方式起卦。比如看见鸟儿在梅花枝头上打架，听见有人敲门，等等，随时随地可以起卦。一般用事情发生的年月日时来计数，对应的八卦采用先天八卦之数。据说起因与看鸟儿在梅花枝头上打架并坠地有关，所以，以梅花易数命名。因为这本小册子是《周易》入门的初级读物，不在此展开介绍。

不论用哪一种方式，占筮是得卦的唯一途径。所以，读懂《周易》，有必要对占筮之法有所了解。

象数：看到的听到的背后是什么

由占筮得到的卦爻，如何解读？

古人采用的依据为象、数、辞。

“象”，甲骨文作“”，金文作“”，即陆地最大的动物大象。

那么，大象的“象”字如何被借为具象、抽象等义项的“象”呢？

《韩非子》解释说，人很少看见活的大象，于是人们根据见到的象骨去想象大象的模样，所以，象就被借为意象的象。

王安石认为，象牙感雷而生出纹理，天象感气而生出纹理，二者相似，所以用象牙的象作为天象的象。

且辛鼎“象”字

由于气候的变化，战国时期中原地区的人已经基本看不到大象，所以，《韩非子》中有此推测。实际上在新石器时代，中原地区有过很温暖的时期，大象并不稀见，且辛鼎金文的“象”字就描摹得惟妙惟肖，活脱一个大象的剪影。甲骨文中常见“象”字，也表明象在当时未必是珍稀动物。由象骨想象活象而得意象之意的臆测总让人感觉好像有些诙谐。

王安石用象牙和天象相联系，就跑得更远了。

因为找不到直接的证据，今天的我们也只能靠推测。古时有象舞，非常有名，不论象舞是人训练大象起舞，还是由人来模仿大象起舞，其场面一定极为宏大。古人或许以此场面象征世间万象，由此而生发出“万象”的义项。

再则，象是陆地最大的动物，也是古人能见到的最大的动物，以象借为万象之“象”，也是比较自然的事。

象数的象，指的是易象。

易象包括卦象和爻象。

解读卦象和爻象是《周易》解卦的最基本原理，这一基本原理的根据来自于象征心理。这一点，与现代心理学的意象心理学有异曲同工之妙。

什么是卦象?

卦象即卦符所象征的事物。其中最为根本的是八经卦所象征的事物。每一个经卦都有一个最基本的象征物，以及数不清的与此相关的象征物。

乾 ☰，基本卦象为天。衍生的卦象为地位尊高的、阳刚的、健壮的，等等。在人为父为夫。

坤 ☷，基本卦象为地。衍生的卦象为地位卑下的、阴柔的、顺从的，等等。在人为母为妻。

艮 ☶，基本卦象为山。衍生的卦象为高大的、稳固的、停止的，等等。在人为少男。

兑 ☱，基本卦象为泽。衍生的卦象为泽被的、愉悦的、毁折的，等等。在人为少女。

坎 ☵，基本卦象为水。衍生的卦象为所有与水相关的以及与水同性的、险陷的、外软内硬的，等等。在人为中男。

离 ☲，基本卦象为火。衍生的卦象为发光的、绚丽的、明察的、外硬内软的，等等。在人为中女。

震 ☳，基本卦象为雷。衍生的卦象为震动的、发声的、与行有关的，等等。在人为长男。

巽 ☴，基本卦象为风。衍生的卦象为木、入、有气味的、观览的、普及的，等等。在人为长女。

这样，世间万事万物都可以概括在天、地、山、泽、水、火、雷、风之中。这八种元素的动静、变化构成了呈现在我们面前的宇宙万象和沧海桑田。

爻象则极为简单，⚊为阳，⚋为阴。并由此而象诸如刚柔、大小、男女、天地、君臣等一切具有阴阳性质的事物。

阳爻在早期的数字爻阶段，有一、五、七、九；阴爻在数字爻阶段则有六和八。⚊应来源于一，几乎不需要任何变形，象男根，所以为天为男为阳；⚋应来源于八，从帛书《周易》阴爻的书写中仍然可以看出“八”的痕迹，为方便画爻而拉直为两个短横，八象女阴，是中分象，所以为地为女为阴。八即古“分”字，所以含有一分为二之意，如忽略其计数功能，则二即八，八即二，由此⚋则既是八也是二。从⚊到⚊、⚋的分野，描摹了宇宙太极生两仪阶段的状态，也类似于西方从亚当身上抽一根肋骨变成夏娃，然后人分男女的神话。

那么，象数中的“数”又指什么？

我们先来看一下“数”字。

“数（數）”字篆文作“數”，由“婁”“攴”组成。作为主体的“婁”字，由“毋”“中”“女”摞叠而成。《说文》段注说：“中空曰婁。”但这种空是指一层虚一层实相叠而成的空，当是“数”“屡”等字的古字。由“婁”和“攴”组成的“數”字象以手持物敲打中空之器，从而以发出的声音计数。

至于象数的“数”，大体上可以概括为三个方面：筮法之数、卦爻之数、卦位爻位关系之数。

第一，筮法之数。包括筮变中的数和筮法规则。筮法之数即所谓“大衍之数”，从五十根蓍策起，然后以“分而为二以象两”“挂一以象三”“揲之以四，以象四时”“归奇于扐以象闰”等四营规则，三变得出二十四策、二十八策、三十二策、三十六策等揲蓍结果。最后根据其中蕴含的六、七、八、九得出一爻，重复六次，完成一卦。整个过程都与数密切相关，这种数的应用，即筮法之数。

第二，卦爻之数。如爻题的六九之数，是爻属性之数，来自于六、七、八、九所代表的老阴、少阴、老阳、少阳。每经卦由三爻组成，共计八卦。经卦两两相叠而成别卦，每卦六爻，共计六十四卦。六十四卦筮变后每卦均有之卦，共得四千零九十六卦，爻数可达两万四千余。凡与卦爻有关之数皆为卦爻之数。

第三，卦位爻位关系之数。六十四卦中每卦均有两个经卦组成，两经卦之间的关系可以理解为内外、上下、前后、远近、并列、重复，等等。每一卦除了互不交叉的两个经卦之外，二爻到四爻，以及三爻到五爻，还可以组成经卦，其中三、四爻二者有交叉，此二卦称作“互卦”，在解卦象时常具有意义。在每一卦中，任意相邻的两爻视为半卦，有时候也具有意义。

爻的位置关系同样非常重要，如一卦中的世爻和应爻的关系，一卦与之卦之间动爻的关系，等等。爻与爻之间关系的象征意义，高亨总结为六种：

刚柔相应。一卦之中有阳有阴，阳刚阴柔，彼此相应。含五种情况：五柔应一刚，中间有一爻为阳爻，其余为阴爻，五阴围护一阳。五刚应一柔，与五柔应一刚相反，五阳爻围护中间的一阴爻。内外卦同位爻刚柔相应，即一、四爻一阳一阴，二、五爻一阳一阴，三、六爻一阳一阴，刚柔相配。内外卦同位爻刚柔相敌，即一、四爻同阳或同阴，二、五爻同阳或同阴，三、六爻同阳或同阴，形成阳与阳、阴与阴的对立。内外卦的中爻相应，即二、五爻一阴一阳，二为坤位臣位，五为天位君位，如二阴五阳，则最为得体。与现代科学的同性相斥、异性相吸同理。

刚柔相胜。下五爻为阳爻，上爻为阴爻，刚众柔孤，刚能胜柔。反之，下五爻为阴爻，上爻为阳爻，柔众刚孤，柔能胜刚。

刚柔位当与位不当。一、三、五为阳位，二、四、六为阴位。阳爻处在阳位，阴爻处在阴位，则为位当。阳爻处在阴位，阴爻处在阳位，则为位不当。

刚柔得中。所谓中即内外卦的中位，在一卦爻序中为二、五。一阳爻在中位，为一刚得中。一阴爻在中位，为一柔得中。有两阳爻各居二、五位，为双刚得中。有两阴爻各居二、五位，为双柔得中。阳爻居五，阴爻居二，为刚柔分中。

刚柔居初、五、上位。初九、初六为下位，象征地位低下。五为天位君位，为尊位。上位析为三种意象：最高之位、穷尽之位、满溢之位。

柔从刚与柔乘刚。阴爻靠在阳爻之下为柔从刚，阴爻骑在阳爻之上为柔乘刚。

除了这六种关系，还需简单交代一下世爻、应爻以及之卦的概念。一般每卦六爻以动爻为世爻，以本书第 14 页八宫图为例，乾宫卦一世为姤卦，乃变乾卦䷀，初九阳爻为初六阴爻，即成姤卦䷫，所以乾宫姤卦为一世卦，姤卦的初六爻为世爻。与世爻相隔两爻的爻位为应爻，仍以乾宫姤卦为例，与世爻相隔两爻的位置在九四爻，所以九四爻为初六爻的应爻。实际上，这种关系是把内外卦视为两个独立的经卦，内卦与外卦对应的爻位即为应爻。如内卦初爻的应爻为外卦的初爻，内卦第二爻的应爻为外卦的第二爻，内卦第三爻的应爻为外卦的第三爻，反之亦然。之卦的概念可参见本书《占筮》篇，按照少阴、少阳不变而老阴、老阳变的原则得出来的新卦古人称之为“之卦”。“之”字起初是一只脚走在地上的简笔画，意为从此到彼。

易数远非以上文字所能概括，即使如此，仅以上文字，如果不结合筮例，也很难理解。感觉烦琐的读者可以跳过这一段，待接触筮例时，可以作为参考。在此只须搞清一件事，即《周易》的占筮功能离不开数理。其实，即使探讨《周易》所要表达的义理内涵，如果没有对“数”的理解，也很难吃透。《周易》太极说以数为宇宙万象之根本，而象、器、法，都是数的外化。如《系辞》

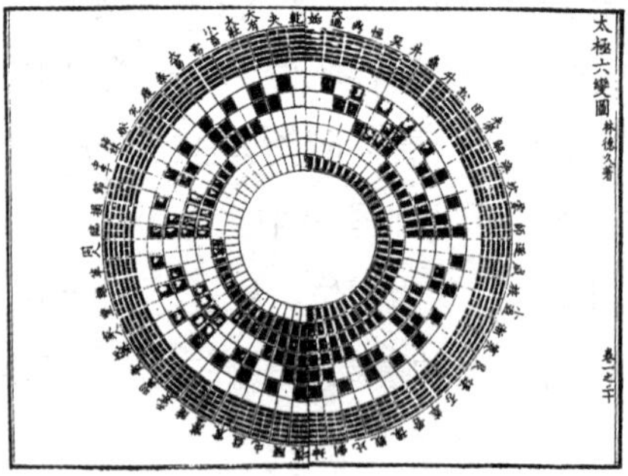

宋代易图

说“见乃谓之象，形乃谓之器，制而用之谓之法”。本书在探讨太极时，还会涉及数的问题。

从上面的文字可以看出，象和数往往是分不开的，经常是象中有数，数中有象，象以数成，数在象中。

《周易》象数的研究在汉代发展为象数易学，并成为汉代易学的主流。其中，以孟喜、焦赣和京房为代表人物，并与后起的义理学派形成易学学术的两大流派，主宰了两千年来的易学领域。象数学在宋代又有了新的发展，设计了各种图式，对《周易》赋予了新的思考。

许多人把用《周易》象数来解卦轻率地视为反科学的迷信，客观说，这本身就不是一种科学的态度。古人的思维模式与今人不可能一一吻合，但根本的出发点没有什么不同。《周易》人根据自己构画的模式来解读宇宙奥秘，是一种极具意义的探索。

现代心理学有一种意象分析方法，利用催眠手段让患者冥想所见之物，然后提取所见之物的象征意义，挖掘深藏在患者潜意识层的心理疾患根源。没有人怀疑其科学性。《周易》把随机得来的结果用一种尽量与宇宙运转契合的法则演算，然后得出具有象征意义的象数，并试图用其象征意义解释宇宙现象，为什么就成为一种迷信？

筮法的确来自巫术，但即使是巫术，在没有对其中科学成分进行令人信服的解剖之前，也应该抱有一种存而待考的科学态度。在《太极》一章中，我们会简单展开易学对宇宙结构模式解读的初级探讨。

太极：
创世纪巨响之前的最后一刻沉寂

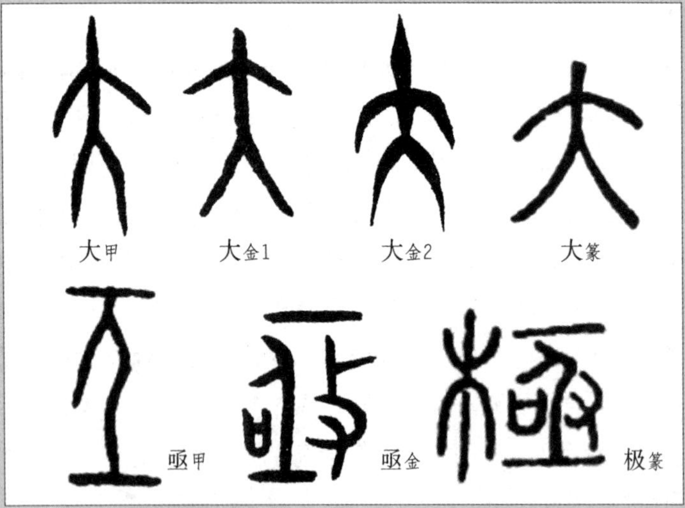

太极，是《周易》学至关重要的概念之一，但在《周易》古经中这一概念并未出现。它隐藏在卦爻和筮变之中，由《系辞》从中细绎而出，然后，经历代后儒的精心钻研，在《系辞》所描述的太极的基础上，勾勒出中国传统观念中的宇宙生成模式，其理论的核心为宇宙的本质是以一阴一阳为基本元素的二进制数学模式。通俗说，宇宙是由数构成的，呈现出的则是纷繁复杂、绚丽多彩的宇宙万象。

“太极”的“太”，古作“大”或“泰”。“太”字出现后，往往表示超过“大”的状态，是对“大”的加强。“大”字甲骨文作“”，金文基本同形，是正面站立的人形，取自“天大、地大、人大”之意。

“极(極)”字古字即“亟”，甲骨文作“”，象人上极顶，下极足，或上极天，下极地，表示一种极端的状态。加上“木”字偏旁，初意为房梁，以极高为意。

“太极”是指宇宙的极端状态，是将现实世界倒推至宇宙初始，万物具其理而无其形。所以，“太极”实际上即为“无极”。这种“无极”是世间万事万物的根本，是道家讲的“道”，佛家讲的“本心”，所以邵雍说“道为太极”“心为太极”。

那么，《周易》学的太极到底指的什么？

《系辞》说：“易有太极，是生两仪，两仪生四象，四象生八卦。”八卦来自四象，四象来自两仪，两仪来自太极。而太极蕴含在易理之中。

太极即化生宇宙万象之前的原始状态，首先生成两仪，而后又生成四象、八卦，乃至宇宙万象。

朱熹在《易学启蒙》中用阴阳爻的排列组合模式，模拟了这种宇宙万象递进生成的过程。

先看太极。“太极者，象数未形，而其理已具之称。形器已具，而其理无朕之目。在《河图》《洛书》，皆虚中之象也。”太极是一种大无，有含于其中而未显。

太极生两仪，是宇宙创世的第一步。所生两仪即一阴一阳。

阳⚊　阴⚋

阴阳两仪如正电与负电、物质与反物质，⚊、⚋所象征的两个相反相成、互为其根的状态或物质，是构成宇宙万象的最基本元素。

之后是“两仪生四象”。

太阳一⚌　少阴二⚍　少阳三⚎　太阴四⚏

阴阳具有了不同性质，阳有太阳、少阳，阴有太阴、少阴。这样就有了量变和质变的差别。少阳、少阴是一种暂时的状态，当条件成熟，即成为太阳、太阴，此时就会转化成其他状态，或者说生成其他物质。

“四象生八卦”，即在四象上再加阴阳两仪。

乾一☰　兑二☱　离三☲　震四☳

巽五☴　坎六☵　艮七☶　坤八☷

阴阳的三次重叠，完成的是“一生二，二生三”的过程，即物质世界的基本构成。八经卦的完备象征了这一过程。

三生万物的演化还在继续，在八经卦上面再加阴阳两仪，三爻增为四爻。

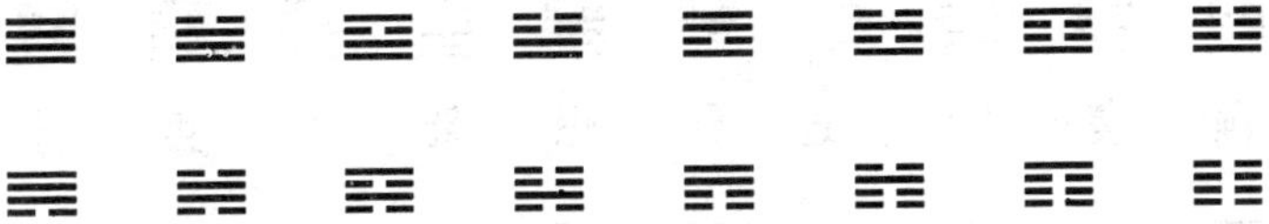

八变为十六。物质的状态更为丰富。

由此而继续叠加阴阳两仪，四爻增为五爻，十六变为三十二。继而是五爻增为六爻，三十二变为六十四，最终完成六十四别卦。

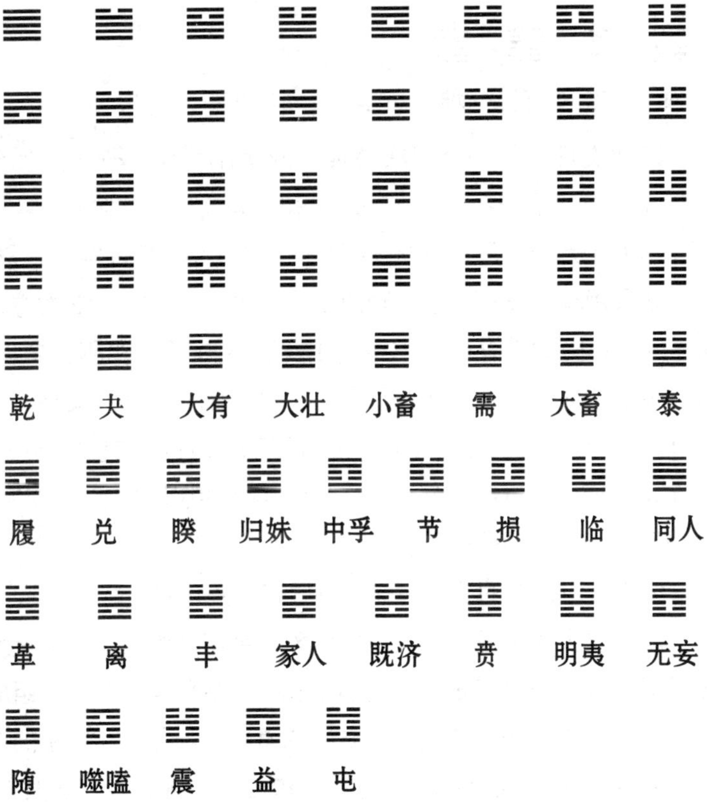

以此类推，每一个层次叠加一次阴阳两仪，一直累加到十二爻，包含了一卦及其之卦的总和。如《焦氏易林》，共得四千零九十六卦，两万四千五百七十六爻，用以象征宇宙万象。

如果用现代算式表示，则为 2 的 2 次方……2 的 12 次方，演成 4096 卦。如果以 0 表示--，以 1 表示—，那么从少阴到老阴，从老阴到少阳，然后从少阳到老阳，从老阳到少阴，又是一个由 0 进位为 1、由 1 进位为 0 的不断反复的过程。这就是《周易》学宇宙生成的二进制数学模式。万事万物均由空或有、虚或实、阴或阳、0 或 1 不断转化累加而成。

太极观对世界的认识与现代科学有许多共通之处。

从物质生成来说，现代科学认为，宇宙肇始之时，最早形成的元素即为一个带正电荷的质子和一个带负电荷的电子组成的氢原子，以及多一个质子和电子的氦原子。此后在恒星的变迁中经历了无数次惊心动魄的爆炸和毁灭，逐渐形成从锂（3

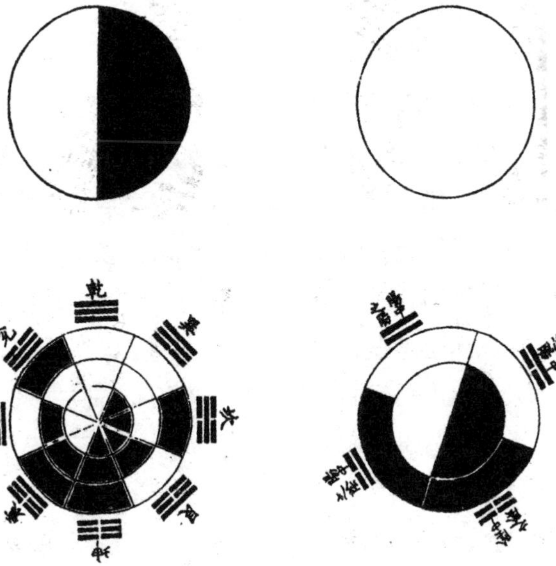

宋代易图

个质子和 3 个电子）到铀（92 个质子和 92 个电子）所有自然界中可以找到的原子，完成了原子级别的创世纪。原子结合为分子，分子组成各种物质，甚至有幸成为组成生命的基本物质，于是有了我们眼前的世界。正电荷类似于—，负电荷类似于--。世界如果停留在一，则赋予几次方的数值都不会具有意义，但一旦由一而二，则会进一步三而十、十而百、百而千、千而万，无穷无尽地演绎成今天的三千大千世界。

从宇宙生成来说，现代科学由红移学说推导出宇宙起源于无限小的一个点，并将之命名为“奇点”。按《周易》太极学说，从某一个节点，比如从四千零九十六卦倒推，最终归二为一，再从一入于太极，那么这个太极在物质世界层面上基本等同于奇点。

从物质世界的认知上，量子论认识到粒子级别的微观世界，竟与观察者的观察甚至意识相关，比如著名的双缝实验。所以物质世界与人的精神世界有着某种关联。《周易》的太极学说认为，太极生两仪而成阴阳，即⚋、⚊，由此二而四、四而八、八而十六以至无穷，是一个宇宙气化过程，这个气化而成的世界，在终极认识上是虚无的，它是受人的认识所感应的，这是中国古代天人感应思想的缘起所在。人的心神同样来自于这个气化过程，所以，不但道为太极，心亦为太极，两者在根本上是一回事。

《系辞》说：“易无思也，无为也，寂然不动，感而遂通天下之故。非天下之至神，其孰能与于此。夫易，圣人之所以极深而研几也。唯深也，故能通天下之志；唯几也，故能成天下之务；唯神也，故不疾而速，不行而至。”道为太极，心亦为太极，这是筮法所本的理论依据。道与心本为一源，为什么

太极图

太极八卦图（先天）

就不可以将二者的隔断打通?《周易》筮法试图找到的正是《系辞》所说的“几”，这是一条心与道的神秘通道，探索的方法则是分析以数理为基础的易象。

太极学说发轫于《系辞》，成熟于两宋，在儒、释、道的合流中提供了强大的助力，成为中国传统思维模式的重要组成部分之一。由太极学说引申出的认识论和处世哲学可以总结为:阴阳互根,动静相宜,不偏不倚,顺势而为,柔可克刚,过犹不及,等等，其实包含了更多的易理成分，甚至是儒、释、道三家之说的成分。

>>>

经传：从先哲通向你我的那座桥

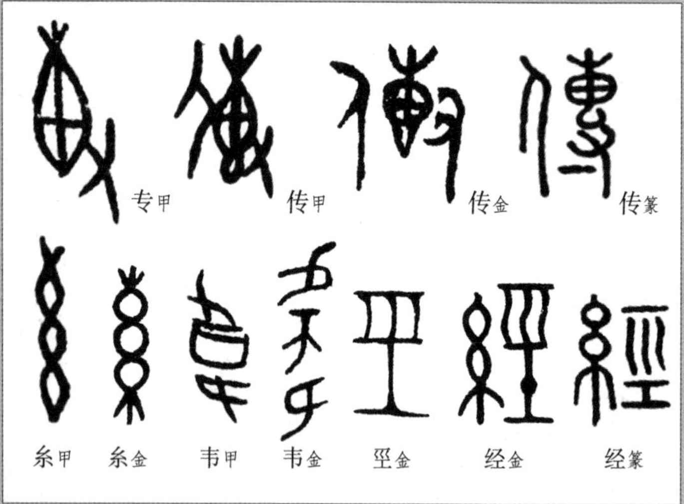

我们今天谈论的《周易》，外延其实包含了三个层次，即《易经》、《易经》加《易传》、《周易》学。

从严格意义上说，《周易》指《易经》文本，而《易传》是第一部解读《易经》的书。但由于《易传》对蕴藏在《易经》中的哲学内涵所作的发掘和发挥，对后世的影响几乎与《易经》本身比肩，而且，自《易传》问世后，多见经传并行，所以后世所称《周易》，往往也包含了《易传》。套用现代语言，我们姑且把《易经》视为狭义上的《周易》，把《易经》加《易传》视为广义上的《周易》。

何谓“经”？何谓“传”？

经者，是用以奉行的准则，最早指被儒家奉为准则的典籍，即《诗》《书》《易》《礼》《春秋》，共五经。此后泛指在不同领域中有同样高度和功能的典籍，如道家、佛门的各类经典。

“经（經）”字由“糸”和“巠”组成。“糸”，甲骨文作“”，金文作“”，象束丝之形，凡与丝或丝织品有关的字多用“糸”做偏旁。“经”以“糸”为偏旁，表明“经”最初与丝线有关。“巠”是古“经”字，金文作“”，《说文》认为象水脉，上面的一横代表大地，“巠”乃地下之水脉。但从金文看，似乎是织机上经线的象形。

织布以纵横之丝交织而成，纵向的线称作“经”，横向的线称作“纬”。这种称谓至今仍在使用，凡纵向线称作“经”，凡横向线称作“纬”，如地球上的经线纬线、街道的经路纬路等，已经超出了丝织品的范围。

纬是与经相对的横线,《说文》说:“纬,织横丝也。”“纬(緯)”字由“糸”和“韋”组成,是与丝有关的“韋”。“韋”,甲骨文作“”,上下象两只脚走向不同方向,中间的“口”象一个基本位置,由此可以产生两种义项:第一,一向左,一向右,相悖而行,如“违(違)”字即取义于此;第二,围绕着中间的“口”转圈,如“围(圍)”“卫(衛)”即取义于此。“緯”字取义与“经”的纵向相悖,为横向,但这种相悖由于有“糸”的参与,就有了交织之意。

纵向为事物发展之主脉,经因此最至关重要。横向是事物纵向发展带出的枝末,是经的细化或演绎,所以纬作为经的横向展开,是对经的补充。古人说:纬者,经之支流,衍及旁义。又说:圣人作经,贤者纬之。经纬常常相对,如古有《易经》,而后有《易纬》。

“传(傳)”的主体“专(專)”字,甲骨文作“”,

陶纺轮

象以手转纺轮，生出“转”的义项。古时纺轮称作“纺专”，直用“专”字，取的也是“转”意，所以如改用今字，称作“纺转”更合适。但古时如加偏旁，并不加“车”，而是加“土”，写作“塼”。为什么写作“塼”？因为早期的“专”多为陶制品，即陶纺轮。新石器时代多有发现，如龙山文化的陶纺轮极为精致，一面平，一面略成弧状突起，突起的一面磨光，非常细腻，宛若工艺品。参考早期钱币多起源于工具，所以，以秦币为代表的圜钱很可能就起源于这种纺线工具。

纺轮的使用方法应该是在中间的孔中插入纺杆，系丝的一头于纺杆上，通过捻转纺杆将丝线纺缠起来，以备纺织使用。不过，也有学者认为纺轮、纺专并非一物。

总之，“专”就是转动的意思，从而引申出传动的意思。其实甲骨文已有“传”字，作“”，即由人一站一站传下去的意思。与经相对的传，即取将学问传递下去之意。如何才能更好地将学问传递下去？首先的方式是对学问作讲解，对经的讲解和发挥就是“传”。如讲解《春秋经》的《春秋左氏传》、讲解《书经》的《尚书大传》；再如讲解《易经》的十传，即《易传》。

那么经传即可简单概括为：经是古代奉为准则的典籍，传是早期先贤对这些典籍的解读、补充和发挥。

《易经》即《周易》本文，包括六十四卦的卦名、卦爻符号、每爻爻题，以及作为主体内容的卦爻辞。

以需卦为例：

需䷄，有孚，光，亨，贞吉。利涉大川。

初九，需于郊，利用恒，无咎。

九二，需于沙，小有言，终吉。

九三，需于泥，致寇至。

六四，需于血，出自穴。

九五，需于酒食，贞吉。

上六，入于穴，有不速之客三人来，敬之终吉。

这就是需卦经文的全部内容。把全部六十四卦的以上类似内容按一定顺序排列出来，就是《易经》的全部。

《易传》是古代最早对《易经》的解读。

《史记》记载："孔子晚而喜易，序彖、系、象、说卦、文言。读易，韦编三绝。曰：'假我数年，若是，我于易则彬彬矣。'"其中的"彖、系、象、说卦、文言"，即后世所说的《易传》。《易传》共七种十篇，分别为《彖》《象》《系辞》《文言》《说卦》《序卦》和《杂卦》，其中《彖》《象》《系辞》均分上下篇，所以共得十篇，古称"十翼"。"翼"即翅膀，"十翼"即《易经》的十种翅膀，《易经》赖此得以"飞翔"。

最初的十翼与《易经》别为二书。由于《彖》《象》每卦必有，所以，至少从王弼起，《彖》《象》就附于《易经》的每一卦中间，经传合刊，经传就成了一本书。其他传文，除了《文言》附在乾、坤两卦中之外，《系辞》等传则附于后，我们今天见到的《周易》也就此完备。

《彖传》每一卦都有。彖即断的意思，裁断的断，而裁断的内容是一卦的含义、性质等。

《象传》不仅每一卦都有，而且每一爻都有。象指卦象爻象，《象传》解读的是卦和爻的象征意义，及象征意义包含的义理。

《文言传》只附在乾、坤两卦之后，用洋洋洒洒的文字对乾、坤两卦的卦爻辞做了充分的发挥。

《系辞传》可视为对《易经》解读的通论。内容包括《易经》卦爻的象征意义、《易经》的思想来源、占筮的原理与方法、蕴含的义理等。影响后世的《周易》哲学思想主要来源于此。

《说卦传》说的是八经卦的卦象，这是断卦最为重要的依据。《说卦传》中已包含了八卦的基本卦象，后世卦象的衍生多本于此。

《序卦传》是解读《易经》六十四卦的排列顺序，并赋予这种顺序以意义。

《杂卦传》简明解读各卦含义，因不按原有顺序，所以称为《杂卦》。其特点是往往根据卦象正反相对加以解读。

下篇

《周易》经文解读

乾：天下第一卦

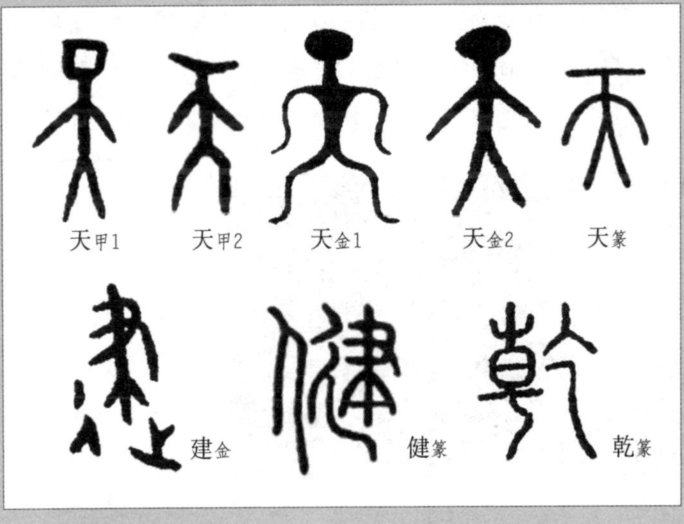

乾 ☰

乾卦是《周易》的第一卦。

“乾”字从何而来，几乎是个谜。

上古无“乾”字，马王堆帛书《周易》的“乾”写作“键”。出土《周易》的 3 号墓距离秦朝覆灭不过三四十年的时间，所以那时候很可能还不使用“乾”字。“键”通“刚健”的“健”，所以最早的乾卦可能就叫作“健卦”。乾卦《象传》说“天行健”，而坤卦《象传》说“地势坤”。“地势坤”的“坤”是卦名，“天行健”的“健”也应该是卦名，“天行”的“行”是名词，是道的意思，“天行”是天道的意思，这样“天行健”“地势坤”就对得十分工整了。

那么，被借作“健”来使用的“乾”字到底有什么来历呢？

我们在甲骨文、金文等古老文字中均找不到线索。闻一多从《说文》中的籀文“”入手，认为左边有三颗旋转的星星（），因此“乾”字应该从“斡旋”的“斡”而来，而这个“斡”字，就是指围绕着北极星旋转的北斗。北斗被认为是“天维”，亦即《天问》中的“斡维”。北斗星以天璇、天枢和北极星的三点连线为轴，围绕着北极星

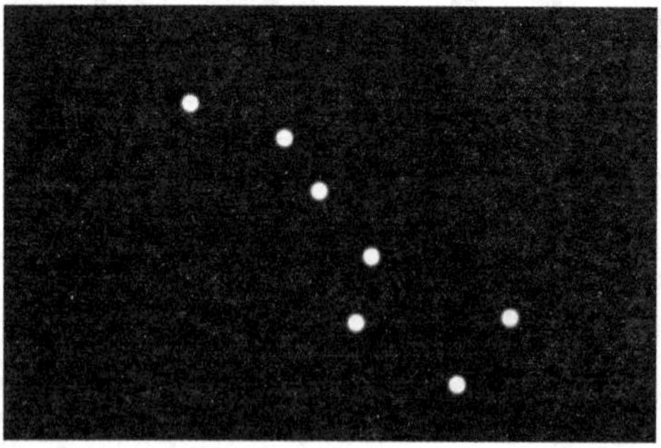

北斗七星

旋转，古人认为，这就是天的纲维。“乾”（斡）代表天维，所以用“乾”作为代表天的卦名。

乾卦为什么代表天？

乾卦䷀内外卦均为阳爻，六根阳爻相叠，代表至阳。在人们的认知中，毫无疑问，最大的阳莫过于与地相对应的天，至阳之卦的乾就指代了天的意义。

《周易》八经卦中的每一卦都代表了一种主要物象，但是都以另外一个不具指的字来替代，而不直接用“天”“地”“山”“泽”“雷”“风”“水”“火”来作为卦名，究其原因，除了有迂回含隐之意外，这些卦名还包含了与之相关的其他物象。如乾卦除了象天之外，还象征君、父、金、玉等（见《说卦》）。

“天”字甲骨文、金文分别作“”“”等形，到《说文》的篆字，基本定型为“”。郭沫若认为，把它的三个横向的笔画拉直，省略掉中间的竖画，就成为乾卦（☰）了。而且其象征事物中的金、玉，也都有三横。

“天行健，君子以自强不息。”

乾为天之道，是动，是用，是化生万物的根本，是万物之君父。

乾卦的卦爻辞如下：

乾，元亨利贞。

初九，潜龙勿用。

九二，见龙在田，利见大人。

九三，君子终日乾乾，夕惕若，厉，无咎。

九四，或跃在渊，无咎。

九五，飞龙在天，利见大人。

上九，亢龙有悔。

用九，见群龙无首，吉。

乾，元亨利贞。

“元亨利贞”四个字，《彖传》和《文言传》都有解释：元为始善；亨为嘉美；利为利物，即对他人他物有好处；贞为贞正、贞固，或者能干。高亨则解释为：元为大，亨为享祭，贞为占问。合起来意思是举行大享之祭，遇此卦，乃有利之占问。甲骨文多见“贞”字，而帛书《周易》“亨”字径写为“享”，所以高亨的解释应该更符合卦辞原意。

初九，潜龙勿用。

初九的“潜龙勿用”，是指初爻处在六个阳爻的最下面，因为被压制，潜伏于下，所以不要强求有所作为。

九二，见龙在田，利见大人。

九二爻的情况就不同了，此爻处在内卦的中间，是一个很恰当的位置，犹如龙出现在田中，会有所作为。想有所作为，就需要贵人相助，如遇此爻，则会“利见大人”，意味着机会来了。此爻有两个“见”字，“见龙在田”的“见”，读“现”，意思也是“现”；“利见大人”的“见”和今天的“见”意思一样。

九三，君子终日乾乾，夕惕若，厉，无咎。

九三爻的“乾乾”有争论，如高亨认为是勤勉的意思；闻一多经过考证，认为“乾乾”即“悁悁”，意为忧惧。都说得通。而帛书本则写作和卦名一样的“键键”，即“健健”，应该是强健、精力旺盛的意思。“终日”，一整天。“夕”，晚上。“惕”，警惕；“惕若”，提心吊胆的样子。君子白天精神饱满，晚上小心谨慎，所以虽“厉”而“无咎”，尽管有危险，但不会出大问题。

九四，或跃在渊，无咎。

九四爻从内卦一跃而上外卦，所以叫作“跃”。龙“在渊”，如鱼得水，所以“无咎”。

九五，飞龙在天，利见大人。

九五爻处于外卦的中位，和九二爻相像，所以同样“利见大人”。所不同的是高度的差别，九二靠下，是“在田”，九五在上，当君上之位，所以是“在天”。

上九，亢龙有悔。

上九爻到了顶，从下到上，一路阳爻，物极必反，所以是“亢龙有悔”。“亢”的意思是高到极端。“悔”字多解为“悔恨”“悔过”之意，是“龙”主动“有悔”；其实“悔”亦可通“晦”，一般把外卦又称为“悔卦”，取的应该是这一层意思，是“龙”被动“有悔”，即有了不好的事情、不好的苗头。

用九，见群龙无首，吉。

“用九”“用六”只出现在乾、坤两卦，其他诸卦没有。用九，是用六爻共同组成的卦来贞问。“见群龙无首”，是说一群龙飞得高，看不见头，大约有今天所谓“八仙过海，各显神通”的意思，所以“吉”。

坤：厚德载物，静顺无言

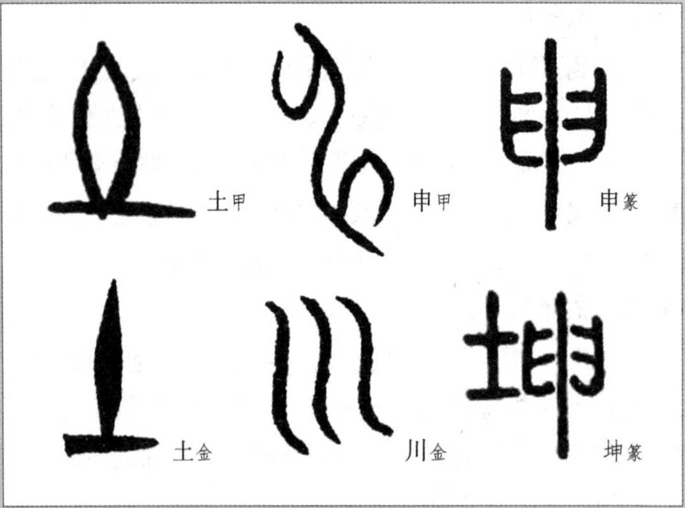

坤☷

坤卦与乾卦相对，乾是大阳之卦，坤是大阴之卦。

“坤”字和“乾”字一样，出现得比较晚，甚至尚秉和认为，坤作为卦名使用，是始于孔颖达作《周易正义》。关于“坤”字的起源，我们暂时还无法从甲骨文和金文中寻找到上古的信息，但是我们有三条线索可供追根溯源。这三条线索就是“巛（川）”“坤”“堒”。

“巛（川）”字，古人多认为是“坤”字的古字，帛书《周易》即写作“川”。至少在汉代以前，很可能此卦卦名多写作“巛”或“川”。此字应来自卦象，把“巛”字横过来，就是坤卦的“☷”。川中为水，水就是川，川就是水，而水有顺势而流的天性，所以“川”“顺”同指一事，事实上“川”就是“顺”的古字，“川”即“顺”，所谓“地势坤”，本应作“地势顺（川）”。我们在分析“乾”字讲到两卦《象传》的“天行健”与“地势坤”的对应，其实最终应为“天行健”对“地势顺”。“健”与“顺”既体现了两卦各自的特性，同样也是两卦本来的卦名。但是有一个问题，从“巛”或“川”到“坤”，从字形和结构上看，总是感觉比较突兀，正如上文所说，“川”作为“顺”的古字更贴切，而不会直接是“坤”的本字。

那么从字形分析，“坤”字从何而来呢？

我们先看一下“坤”字。《说文》“坤”字即作此形，谓“从土申，土位在申也”。闻一多绕了一大圈，做了一番极为繁琐的考证，认为“申”为“土”的意思。其实从字形看，“申”象竖杵插透臼的样子，这可能与社祭的仪式有关。杵象男根，臼象女阴，象征阴阳交合，以此仪式祈求土地生育万物。社祭即土祭，所以用以代指庄重仪式下的“土”字。卜筮同样为庄重之事，所以卦名采用此字。“土”字本即社祭的“社”字，甲骨文作“”，金文作“”，即有一物竖置地上，象社祭（即土祭）之仪式。所立之物远古时期或许是用土堆，后来则改用各种各样的树木。至于哪朝哪代用什么样的树，孔子的学生宰我还曾有一番议论：“夏后氏以松，殷人以柏，周人以栗，曰，使民战栗。”（《论语·八佾》）

“”出自三国吴禅国山碑。“土”旁的“”字，即“申”字的古形，甲骨文和金文的笔画更简单一些，写作“”和“”，多用在地支中。其形如空中的舞龙，可能是对闪电的一种描摹，其本意应该为“神”，是“神”的古字。那么“坤”字就是土之神的意思，也与社祭（即土祭）有关，所以，用以代“土”、代“地”。但禅国山碑刻于三国时期，因此也不排除此字的使用，或许是从已经定型的“坤”字倒推出“申”的篆形。

从以上三字的分析看，还是“巛（川）”字与本卦相关得更紧密些，其中蕴含了坤卦的内在思想。

坤卦卦爻辞如下：

坤，元亨，利牝马之贞。君子有攸往，先迷，后得主利。西南得朋，东北丧朋。安贞吉。

初六，履霜，坚冰至。

六二，直方大，不习，无不利。

六三，含章，可贞。或从王事，无成有终。

六四，括囊，无咎无誉。

六五，黄裳，元吉。

上六，龙战于野，其血玄黄。

用六，利永贞。

坤，元亨，利牝马之贞。君子有攸往，先迷，后得主利。西南得朋，东北丧朋。安贞吉。

乾卦的卦辞是“元亨利贞”，坤卦卦辞的第一句在“利”“贞”之间加了“牝马”。“牝”是一个玄妙的字，老子说：“谷神不死，是谓玄牝。玄牝之门，是谓天地根。”（《老子》第六章）严复说：“以其虚，故曰谷。”所以，“玄牝”就是具备母性的太虚。坤卦☷就是中虚的象形，所以利“牝”。“匕”字甲骨文、金文为人形前倾的侧影“”，突出臀部，具有典型的母性特征，所以，是“妣”字的古字。加“女”字，意为人之母；加“牛”字，意为其他生物或非生物之母。坤卦卦辞当为占筮出行之辞，所以有“利牝马之贞”之语，意思是出行时使用母马有利。下一句即为“君子有攸往”，意思是君子要出行。

君子出行，将遭遇两件事，一是“先迷，后得主利”，一是“西南得朋，东北丧朋”。

先说“先迷，后得主利”。一般解释为开始的时候迷路，后来得到当地主人的帮助，问题解决了。但从坤卦的卦性来说，坤为顺，以顺从为性，凡事不应抢先，应跟随在后，所以，也可以理解为“先则迷，后则得主利”，即阴不可凌阳，应该跟随在阳后，如此顺应天性则利。

“西南得朋，东北丧朋”一句，李镜池和尚秉和的解释都比较独特。

李镜池用“朋”字的本义解读“朋”。“朋”，指两串贝，如金文写作“”。一串五个，两串连一起，共是十个。“西南得朋，东北丧朋”意思是往西南去，能得到钱财；往西北去，会丧失钱财。如果这样解释，“君子有攸往”，或许是去做买卖。李镜池并指出，《周易》中的“朋”都是指贝。但我们查阅金文，“朋”多作为贝的量词，如赐贝五十朋、赐贝百朋等，所以把“朋”作为贝本身来解释恐怕不妥。《周易》中就有作为量词的，如《损》六二“或益之十朋之龟”，就是指值十朋贝的龟。

尚秉和用消息卦来解释，“西南”为由西而南，“东北”为由东而北。坤为至阴，而异性为“朋”，所以坤的“朋”应为阳。由西而南则阳递增，由东而北则阳递减，故曰“西南得朋，东北丧朋”。从上文我们知道，“朋”的原义为串贝，属于一类的东西才能是“朋”。阴阳之间应该是相应、相吸、相平衡的关系，而不是同类的关系，所以视阳为阴之“朋”不妥。况且，将“西南”解释为由西而南，“东北”解释为由东而北，跑得有点远。

那么，“西南得朋，东北丧朋”到底应该怎样理解呢？

在后天八卦中，坤的方位就是西南。所以，这句话很简单，在坤应在的位置上（西南），同类就多；而越往与之相反的方向（东北），同类就越少。

“安贞吉”，占问是否安居之事则吉。与阳之“动”相应，阴为“静”，所以占安则吉。

初六，履霜，坚冰至。

坤卦是全阴卦，初爻为第一爻，象征阴气始起，但趋势已成，势力将越来越强大。“履霜”，刚刚踩到一层薄霜，感受到乍来寒意，随后将“坚冰至”，逐渐迎来越来越寒冷的冬天。

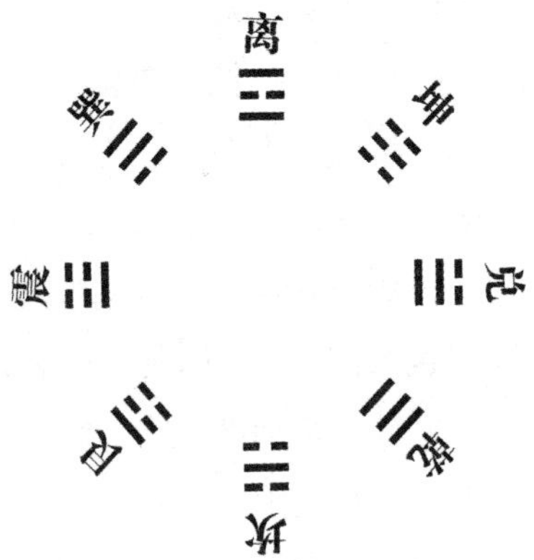

后天八卦图

六二，直方大，不习，无不利。

六二爻是地的正位，所以体现出坤卦的特性“直方大”，古人认为“天圆地方”，坤为地，而地之性为直、为方，六二是坤卦的正爻，所以体现出“直”“方”二性。地之形为广大无边，所以亦为“大”。《文言传》认为，坤“至静而德方”，天道旋转而地道不移，所以“德方”。因此，即使不熟悉所面对之事，亦“无不利”。

六三，含章，可贞。或从王事，无成有终。

六三爻“含章”，是坤内秀特性的体现。文章在内而不外显。“文”指图纹、纹理，“章”指色彩、光芒。坤性内敛，所以含光不露。“可贞”是占问是否可行。如襄助王事，因不居其成，所以可分享其最终成果。老子说：“万物作而弗始，生而弗有，为而弗恃，功成而不居。夫唯弗居，是以不去。”（《老子》第二章）这就是坤之道。

六四，括囊，无咎无誉。

六四爻是说，扎起口袋，则既无责怪，亦无赞誉，从而远离是非。坤☷象中虚，故有口袋之形。

六五，黄裳，元吉。

六五爻的“黄裳”亦为坤之德。坤为土，土在中，土色黄，黄同时也为吉色。古时上衣下裳，衣在外而裳在内，与“含章”相似。遇此爻，自然大吉，所以是“元吉”。

上六，龙战于野，其血玄黄。

上六爻“龙战于野，其血玄黄”总被前人描绘为阴升极位而与阳血战的惨烈场面，其实“龙战”更有其壮美的一面。天玄地黄，玄、黄为天地之色，正是因为这一场“龙战”，才“杀”出这片我们能够立于其间的天地，这是一次血分天地的创世纪。“龙战”在“野”，既为开辟，所以在荒野。如果以内卦为国，则国之外按距离之远近分别为郊、牧、野，上六爻在外卦的最上面，所以当野之位。“野”为荆榛丛生的未开发之地，象征混沌状态，故“龙”战于此，以经营开天辟地之功。

用六，利永贞。

用六的“利永贞”同样体现出坤的特性。坤因静因安稳，所以长久。若遇此卦，则利于占问长久之事。

屯：人生遭遇的第一场磨难

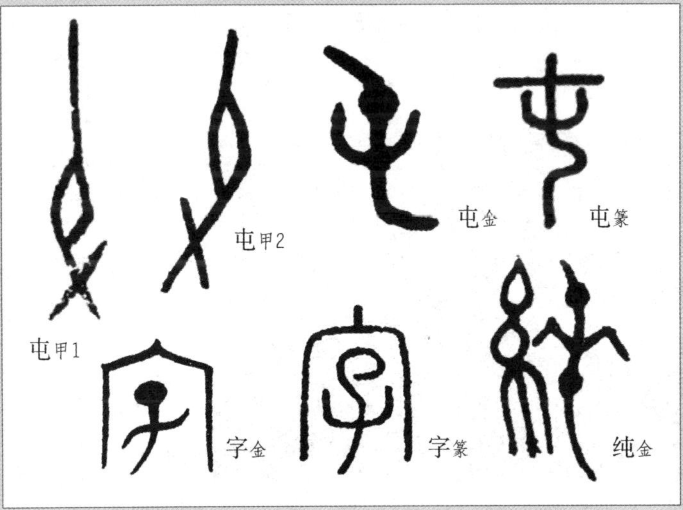

屯䷂

屯是天地开辟后的第一卦。由坎卦和震卦相叠组成，即内震而外坎。

“屯”字甲骨文作“”，一般在卜辞中作量词出现，和丝织品有关。此“屯”当是“纯”的本字，《淮南子·墬形训》解释说“纯丈五尺”，大概是说丝织品每一丈五尺截为一段，卷起来，就是一纯。所以，“纯”有包裹、束扎之意。如《诗·召南·野有死麕》“白茅纯束”。甲骨文“屯”的字形不大容易看出是何物的简化形状，大约像蚕茧的样子。

“屯”字金文作“”，象草木始生，作芽状向上伸展，但芽上有束物裹扎，压制其生长，与《周易》的“屯”相符合。屯卦的“屯”字一般都释为“难”的意思，“艰难”的“难”，如《彖传》说：“屯，刚柔始交而难生。”

“屯”字其实还是“沌”字的本字。说的是如《彖传》所言天地开辟后“刚柔始交”的混沌状态。天地从混沌状态中被开辟出来，而“屯”还处在虽具天地但混沌尚未澄清的阶段，犹如宇宙大爆炸的前几秒中。

草木始生图

因处境艰难，举步维艰，困于原地，所以“屯”还有“屯集”的引申义。

因此，屯卦的“屯”字，有艰难、始生和屯集等义。

屯卦的卦爻辞如下：

屯，元亨利贞。勿用有攸往。利建侯。

初九，磐桓，利居贞，利建侯。

六二，屯如邅如，乘马班如。匪寇，婚媾。女子贞不字，十年乃字。

六三，即鹿无虞，惟入林中。君子几，不如，舍，往吝。

六四，乘马班如，求婚媾，往吉，无不利。

九五，屯其膏。小贞吉，大贞凶。

上六，乘马班如，泣血涟如。

屯，元亨利贞。勿用有攸往。利建侯。

“元亨利贞”，意思同乾卦卦辞：举行大享之祭，遇此卦，乃有利之占问。“勿用有攸往”，不适合有所往。这是由屯卦处境举步维艰的特性所决定的，爻辞中的“磐桓”“屯如邅如”“乘马班如”，都是由于此。不适合往远处去，但适合原地的“居”或“建”，故曰：“利建侯。”

初九，磐桓，利居贞，利建侯。

初九爻的“磐桓”，即“盘桓”，盘旋不前。有利于居家守业，有利于建立侯国。无论是居宅还是建侯，都与建筑有关。初九为阳爻，为刚，处在最底位，所以建筑的基础牢固，尤其利于居宅、建侯。高亨将“磐”释为大石，“桓”释为“垣”，以大石砌墙垣，自然坚固，整个爻辞的语意因果连贯，亦可取。

六二，屯如邅如，乘马班如。匪寇，婚媾。女子贞不字，十年乃字。

六二爻的“屯如邅如”，是逡巡不前的状态。“班如”，同样也是一种盘旋的状态。“匪寇，婚媾”，是说这些乘马而来又徘徊不前的人不是前来掠夺的，而是来求婚配的。“女子贞不字，十年乃字”，对于来者的求婚，暂时不能答应他们，十年以后则可以答应他们。这里的“字”，释为许嫁。“字”，金文作“”，外框是房子的象形，里面有一个小孩，则“字”意为在房中养育小孩。如果把房子理解为子宫，则是孕育胎儿的意思，虞翻就释“字”为妊娠。如果将“字”理解为妊娠，那么“女子贞不字，十年乃字”的意思就是：占问女子不孕之事，得到的结论是十年以后才能怀孕。

六三，即鹿无虞，惟入林中。君子几，不如，舍，往吝。

六三爻是描写了一次田猎的情况。君子追赶一只鹿，但没有向导的帮助，进入林中后，君子陷入危险，不能再往前走，只好放弃对鹿的追赶，如果继续往前走，就会遇到麻烦。“虞”是古代管山的官，熟悉山里的情况。“几（幾）”有危险的义项，《说文》说：“微也，殆也。”即危险的征兆、苗头。“不如”即“不往”。“舍”为舍弃。

六四，乘马班如，求婚媾，往吉，无不利。

六四爻事如六二爻，但这一次结果相反，是“往吉，无不利”。大约是六二爻的求婚者十年后如约而来，十年之期，六四爻的位置内卦变为外卦，“屯”的情况已经改变，所以这一次答应了求婚者，履约而行，“吉无不利”。为什么六二不嫁六四嫁？这和阴阳爻的位置有关。六二阴爻在初九阳爻之上，阴上阳下，女上男下，位不顺，所以不嫁。而六四阴爻在九五阳爻之下，而九五又为君位天位，所以阴阳顺位，是吉象。

九五，屯其膏。小贞吉，大贞凶。

九五爻“屯其膏”，是把肥肉囤积起来，象征储存物资食物。“国之大事，在祀与戎”，“戎”则需要远行，与屯卦的含义不符，所以贞大事“凶”。“小贞”占问的是居家小事，因有“屯其膏”的储备，自然“吉”。

上六，乘马班如，泣血涟如。

上六爻应与六二、六四相连，那一年来求婚，没有答应。十年后求婚者如期再来，要求履约嫁女。如今新嫁娘要跟着“乘马班如”的人远去，所以“泣血涟如”，哭得血泪满面。

蒙：懵懂的王女

蒙金　冡篆　蒙篆　童金　童篆

子金1　子金2　巳金　巳篆　包篆

蒙 ䷃

蒙卦上艮下坎，艮山坎水，所以蒙卦象山下出泉。江河湖海，无不来自山中之泉，所以蒙象征源泉，象征万事万物之起源。

蒙继乾、坤、屯之后，亦为创世纪的一个阶段。《序卦传》说：“屯者，物之始生也。物生必蒙，故受之以蒙。蒙者，蒙也，物之稚也。”郑玄说：“蒙，幼小之貌。齐人谓萌为蒙也。”蒙就是草木刚刚萌芽的状态，稚嫩、懵懂，不谙世事，对外在世界的认知好像被罗纱蒙住，看不清甚至看不见，所以这种状态叫作“蒙”。屯为始生，蒙时则开始萌芽，是天地造物的早期过程。所以引申为幼稚、懵懂、蒙蔽、不明等。

山下出泉

“蒙”字，金文作“[illegible]”，上部是草生长，下部或类“冢”字。山顶生草为蒙，意为草蒙覆山顶。但《说文》将“蒙”的下半部“冡”释为“蒙”的古字，段注说：“凡蒙覆、童蒙之字，今字皆作蒙，依古当作冡。蒙行而冡废矣。”其解释与“冡”上有草不同。

既然《说文》认为“蒙”字本为“冡”，那么被借来表达“冡”义的“蒙”原来是指什么呢?

在“艸部”中，《说文》对“蒙”的解释颇为浪漫：“蒙，王女也。”蒙被释为一种美丽而神秘的植物王女，又叫“女萝”“菟丝”，附生在松柏上，像蒙在松柏上的罗纱。

由此，不论从什么角度出发，最后的解读无不殊途同归，“蒙”的含义都指向同一个方向。

蒙卦的卦爻辞如下：

蒙，亨。匪我求童蒙，童蒙求我。初筮告，再三渎，渎则不告。利贞。

初六，发蒙，利用刑人，用说桎梏，以往吝。

九二，包蒙，吉，纳妇吉，子克家。

六三，勿用取女，见金夫不有躬，无攸利。

六四，困蒙，吝。

六五，童蒙，吉。

上九，击蒙，不利为寇，利御寇。

蒙，亨。匪我求童蒙，童蒙求我。初筮告，再三渎，渎则不告。利贞。

乾卦有“元亨利贞”，蒙卦中有“亨”“利贞”。但在“亨”“利贞”之间有一段关于占筮的描述。“童蒙”的意思是懵懂不明，所以需要用占筮来决断。“匪我求童蒙，童蒙求我”，是说有人因有不明之事前来找筮者占问，而不是筮者请其人来占问。“初筮告，再三渎，渎则不告”，这是占筮的原则，如果不信任第一次占筮的结果，反复占问，则为不敬，不敬自然不灵。这就是我们平时所说的“不信则不灵”。

“童蒙”的“童”，金文作“”，最初应该指掠夺来的奴隶，地位相当于臣、妾之类。《论语》说：“夫人自称曰小童。”就是相当于臣妾的自谦语。“童”的地位低，与外界隔绝，消息闭塞，处在蒙昧中，与初生的小儿一样，所以“童”又有了“童稚”义。如前文所说，山顶有草为蒙，而山顶无草则曰“童”，取喻童稚者的认知空白。“童蒙”连读，比喻一种荒芜状态，引申为愚昧无知，或对某事懵懂不明。

初六，发蒙，利用刑人，用说桎梏，以往吝。

初六爻的“发蒙”，是破土萌芽的初始状态。“利用刑人，用说桎梏”，是说此占对“刑人”有利，可以卸去手铐脚镣。“刑人”应指掠夺来的奴隶，卸去手铐脚镣，未必是给他自由，或许是为了劳动方便。也有人认为“刑人”是“型人”的意思，“利用刑人”即利于树立楷模。“以往吝”，遇此爻占有所往，则有吝难。

九二，包蒙，吉，纳妇吉，子克家。

九二爻“包蒙”的“包”字，里面的“巳”古与“子”同形，“包”象有子包在里面，是“胞”的古字，为子宫中胎儿的孕育之象。“包蒙”是胚芽孕育之象，是吉象。“纳妇吉”，遇此爻，问为子纳妻则吉。“子克家”，是说子娶妻则可成家立业。

六三，勿用取女，见金夫不有躬，无攸利。

六三爻“勿用取女”正与九二爻“纳妇吉”相反，九二阳爻之下是初六阴爻，阴阳位顺，所以吉。而六三阴爻在九二阳爻之上，阴阳错位，所以“勿用”。正是因为九二阳爻被压在阴爻下，所以“见金夫不有躬”，见不到丈夫之身。阳为金，所以女人之夫叫“金夫”。“无攸利”，此爻位不当，因此无所利。

六四，困蒙，吝。

六四爻“困蒙”是困于“蒙”。《象传》认为，此爻上下均不挨阳爻，无实物可以依靠，所以，懵懂无知者就会陷入困境。

六五，童蒙，吉。

六五爻“童蒙”则“吉”，因为六五阴爻在上九阳爻的庇护下，虽无知幼稚，但顺从跟随成人，既不用费心，又能保证安全。

上九，击蒙，不利为寇，利御寇。

上九爻说的是部落之间的战争。“击蒙”，打碎蒙蔽之物，看清眼前的现实。遇此爻，利于防御外族的抢掠，不利于前去抢掠外族。《周易》所记录的部落之间的交往多为两种形态，一是互相通婚，一是互相劫掠。劫掠的对象有财产、有人口，劫掠来的人口就成为奴隶。所以每当有成群的人由远而近，就要分清是“寇”还是“婚媾”。一般情况下，如果“匪寇”（不是寇），那么就多半是“婚媾”了。

需：郊外的沙滩上你在等谁？

需 ䷄

需，下卦为乾、为天，上卦为坎、为水。飘在天上的水，自然是云，所以《象传》说：“云上于天，需。”水在天上为云，水在地上为江河湖海，水由天落地，就是雨。所以需的上面为“雨”，云为待降之雨。需的下半部为“而”，爱好篆刻的朋友都知道，“天”的篆形像“而”，所以，“需”字下面的“而”其实就是“天”字的变形。那么，“需”字就是水在天上的象形。

云在天上

回头看一下金文“需”，即作“”，更显而易见其本义。上面是“雨”，下面是尚未变形的“天”。

“需”，最初有两个主要义项，一是等待，一是濡湿。

云为待降之雨，所以天上的云变成雨，需要等待一个机会。

等到云越来越浓，越来越沉重，电闪雷鸣后，就会变成雨。所以，“需”是等待的意思。作为需卦的等待之义，上承于蒙卦。《序卦传》说：“蒙者，蒙也，物之稚也。物稚不可不养也，故受之以需。”这也是畜牧业、农业起源的一种写照。先民狩猎抓来的小动物太小，作为食物提供的量太有限，于是把它圈养起来，等到它慢慢长大，就可以获得更多的食物。先民种下的小苗太小，作为食物提供的量太有限，于是把它管理起来，等到生长成大的植物，就可以获得更多的食物。无论是植物还是动物，成长都需要一个等待的过程。这个等到的过程就是“需”。

濡湿的义项来自于雨的特点，人或万物在雨中都逃脱不了被濡湿的结局。“需”，也是“濡”的本字。

这样，对卦爻辞中的“需于郊”“需于沙”“需于泥”“需于血”，就可以有两种解释：等待于郊，等待于沙，等待于泥，等待于血；濡湿于郊，濡湿于沙，濡湿于泥，濡湿于血。

需卦的卦爻辞如下：

需，有孚，光，亨，贞吉。利涉大川。

初九，需于郊，利用恒，无咎。

九二，需于沙，小有言，终吉。

九三，需于泥，致寇至。

六四，需于血，出自穴。

九五，需于酒食，贞吉。

上六，入于穴，有不速之客三人来，敬之终吉。

需，有孚，光，亨，贞吉。利涉大川。

“孚”，甲骨文作“”，象以手抓子，应是“俘”的本字。因为等待，一旦机会出现，出击掠夺其他部落，有所俘获，包括财物和人口。“光”，光耀。因有俘获，所以战功显赫，所以“光”。这又是一次部落间掠夺的记录。而九三的“致寇至”，则是遭人掠夺。

如举行享祭，占问则吉。需卦内卦为乾，刚健有力。外卦为坎、为水，象大川。本来刚健有力，又有“需”的等待合适机会，所以，“利涉大川”。

初九，需于郊，利用恒，无咎。

初九爻之所以“需于郊”，是因为等待需要过程，等待的结果在应爻，初九的应爻在第四爻。如果以内卦为国，则外卦的第一爻，位置相当于郊、牧、野的郊，所以“需于郊”。“恒”为久，等待需要时间，所以需卦有利于“恒”，自然“无咎”。

九二，需于沙，小有言，终吉。

九二爻的“需于沙”，所等待的位置同样是其应爻，即九五爻。九五爻是外卦坎卦中的阳爻，坎为水，水中刚健之物为沙，所以九二爻“需于沙”。九二为阳爻，但在“二”的阴位，为地之正位，位不当，导致会有小麻烦，遭人责怪，所以“小有言”。因为有耐心等待，所以结果还不错，“终吉”。

九三，需于泥，致寇至。

九三爻的“需于泥”则结果不太好。九三爻紧挨着外卦坎，坎为水，“水”古字写作“”，甲骨文、金文大同小异。“灾”

字作“災”，即水、火为“災”，上面的“巛”是水的象形，是两大灾害之一，所以坎水亦有“灾”义。因为紧靠着外面的灾，等来的不是好结果。坎卦又象险，强盗为险中之一，所以坎又有“寇”义。结果等待于泥，却招致“寇”，被外族掠夺。泥黏软，有阴象，九三应爻为上六，是阴爻，所以是“需于泥”。

六四，需于血，出自穴。

六四爻的“需于血”，从“沙”“泥”的顺序来看，“血”应为“洫”，即沟洫。“出自穴”是说“需于血”之前的来处，六四阴爻与九三阳爻相叠，象中虚底实，如穴形，所以“出自穴”。

九五，需于酒食，贞吉。

九五爻“需于酒食”，如《序卦传》所说：“需，饮食之道也。”占问遇此爻则吉。

上六，入于穴，有不速之客三人来，敬之终吉。

与六四一样，上六与九五相叠，亦为穴形。上六爻是上坎卦最后一爻，坎卦至此完了，所以是“入于穴”。“不速之客”为未邀自来的客人。“三人来”，是指内卦的三阳爻，应该指三个男人。上六为阴、为女，女敬男为顺，所以“敬之终吉”。

“穴”字并非指山洞，从字形看，上部为房屋，下“八”为挖掘，应是新石器时代半地穴式的房屋。在笔者参加过的几次新石器时代遗址发掘中，多见这种房基，是新石器时代主要的房屋形式，有圆形、方形和圆角方形等。《说文》亦云：“穴，土室也。”所以，“穴”就是当时的家。

古代半地穴房基遗址

上六爻描述的可能是一种古老的婚姻状态，类似于恩格斯所说的“普那路亚”式婚姻。有三个外族的男人不请自来，入于穴室，与本族女性婚配，可保证本族的繁衍生息，所以“敬之终吉”。现在有些地方的农村，把回门时的女婿尊为“高客”，用最好的美味招待，应是这种习俗的残留。云南摩梭人的“走婚”也与此相类，但为一男一女。

讼：

日月西沉，大江东去

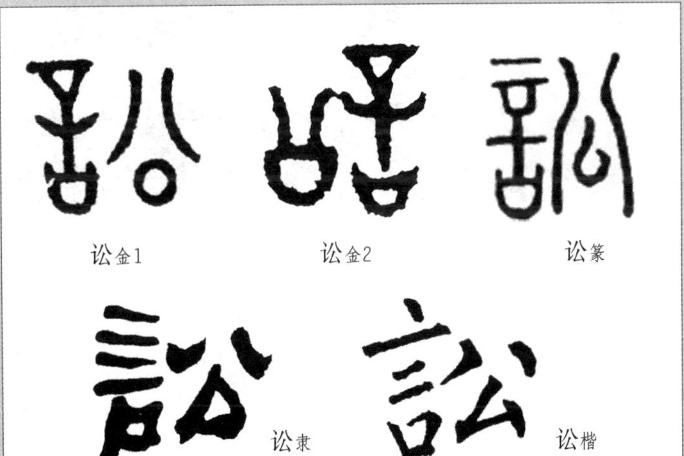

讼金1　讼金2　讼篆

讼隶　讼楷

讼 ䷅

讼卦接在需卦之后，把需卦卦象颠倒过来，即天（乾）在上水（坎）在下，就成为讼卦。水被托在天之上，成为云；等托不住了，水落到天之下，天与水便各行其道了。《象传》说：“天与水违行，讼。”天与水各行其道，为什么就出现了“讼”？荀爽解释说：天自东向西转，水自西向东流，一个要往东，一个要往西，自然就打起来了，所以就有了“讼”。

夕阳西下，大河东流

“讼”字金文作“”，其形义与隶定后的“讼”没有什么区别，早期主要有两个义项，一是同“歌颂”的“颂”字，一是争讼的意思。左“言”右“公”，因有言语争论，所以诉之于“公”，以求公断。“讼”就是争论、吵架、打官司，多为争财争物。从讼卦的卦爻辞看，诉之于“公”的“公”，应该指处于九五爻君位的“大人”。

为什么“讼”？《序卦传》说：“饮食必有讼。”而讼卦卦辞一开始就说“有孚”，“有孚”即有所俘获，有了抢来的东西，分的时候你多我少，所以就打起来了。如果没有“孚（俘）”，没有可争的东西，自然也就无“讼”了。从卦爻辞来看，争来争去，有争到的，有没争到的，但没有一个有好结果。即使暂时看着占了便宜，到头来还是吃了大亏。由此看，面对世人的争夺心，《易经》此卦颇具深意。

讼卦的卦爻辞如下：

讼，有孚，窒惕，中吉终凶。利见大人。不利涉大川。

初六，不永所事，小有言，终吉。

九二，不克讼，归而逋其邑人三百户，无眚。

六三，食旧德，贞厉，终吉。或从王事，无成。

九四，不克讼，复即命渝。安贞吉。

九五，讼，元吉。

上九，或锡之鞶带，终朝三褫之。

讼，有孚，窒惕，中吉终凶。利见大人。不利涉大川。

在掠夺战争中有了俘获，分的时候惴惴不安，即使在分配中占了便宜，最终还是会有倒霉的事找上门来。便宜未必是好事。“窒”，借为“恎”，恐惧。“惕”，警惕不安。

“利见大人”，是说“大人”会有公正裁断。“大人”应指处于九五君位的人。“不利涉大川”与需卦的“利涉大川”正好相反。需卦是大川（坎卦）在前，刚健（乾卦）在后，以刚健而涉川，可保无忧。而讼卦是刚健（乾卦）已经过去，把大川（坎卦）甩在后面，无可保障，所以“不利涉大川”。

初六，不永所事，小有言，终吉。

初六爻的“不永所事”，是说因为有争讼，争到的东西长不了。“小有言，终吉”，相反，如果吃了小亏，到头来是好事。

九二，不克讼，归而逋其邑人三百户，无眚。

打官司没打赢，而且回来发现跑了三百户奴隶，但破财免灾，逃过灾祸。“逋”，逃亡。“眚”，初指眼疾，引申为灾祸。

六三，食旧德，贞厉终吉。或从王事，无成。

六三爻“食旧德”的“德”，即“得”。吃原有的，不去争抢，所以占问的结果是“厉终吉”，没有新的收获，会有困难，但其实是好事。“或从王事，无成”，同坤卦六三，襄助王事，但不居其成。

九四，不克讼，复即命渝。安贞吉。

官司打不赢，就算了，复安其命，并有所改变。“安贞吉”，占问安否则吉。

九五，讼，元吉。

九五是一卦之主位，为“君子”，为“大人”，公正断讼，所以大吉。

上九，或锡之鞶带，终朝三褫之。

上九爻又是一种争讼的结果。赐给他的鞶带，在一天之内，给了三次，剥夺了三次。到底该给谁？裁判也拿不定主意，所以改判了若干次。“鞶带”，古代用来佩玉的皮带。“终朝”，一天之内。“褫”，褫夺。

>>>

师：运筹帷幄，化险为夷

师䷆

师卦内卦坎，外卦坤。坎为水，坤为地。水至柔，坤卦本为顺卦，二者均有顺德，属同类。水、地本有众义，地水相叠，聚众更多，所以为“师”。

“师”字，甲骨文作“”，金文亦有此形，作“”，但金文还有“”“”等形。甲骨文“”、金文“”，即“𠂤”，读若“堆”，本意亦为“堆”，堆在一起，就有众多义，所以借为“师”义，应是“师（師）”的本字，后来有了“堆”字和“师（師）”，“𠂤”就基本废弃不用了。“师”的本意为土堆，因此象征土地与水的坤坎叠卦称作“师”。

师卦只有一阳爻处在内卦中位为统帅，率领众师，却处下不处上，有内敛谦逊的品德。坎亦为险，战争本为凶险之事，因此，此卦又有统帅处在险中（坎卦的中间）之象。但坎险之前为坤、为顺，所以，内敛谦逊的统帅率师前行，将会化险为夷，所以《彖传》说：“行险而顺。”

师卦的卦爻辞如下：

师，贞丈人吉，无咎。

初六，师出以律，否臧凶。

九二，在师中吉，无咎，王三锡命。

六三，师或舆尸，凶。

六四，师左次，无咎。

六五，田有禽。利执言，无咎。长子帅师，弟子舆尸，贞凶。

上六，大君有命，开国承家，小人勿用。

师，贞丈人吉，无咎。

“丈人”，应是执杖之人，掌握一师之权力，是师的统帅。《子夏传》作“大人”，同其他卦的“大人”，在此亦可解为统帅之意。师卦中统帅所处位置恰当，有谦逊内敛的品质，所以，占问统帅之事则吉，不会有问题。

初六，师出以律，否臧凶。

初六爻是说军队出征须有纪律作为保证，如果纪律得不到保证，则是兵家之大忌。《左传》说：“执事顺成为臧，逆为否。”“否臧”就是不顺从，不守军纪。

九二，在师中吉，无咎，王三锡命。

九二为师卦唯一之阳爻，象一军之统帅，所处位置为内卦中央，外卦又为象征顺利的坤卦，所以吉，“无咎”。“王三锡命”，王多次赐予命令，或是对军事行动的命令，或是对军队嘉赏的命令，都说明王对“师”的关注。

六三，师或舆尸，凶。

六三爻表现出了战争的残酷性，战争的结果必有死亡，所以就有车拉回阵亡者的尸体。故古人云：“兵者，凶器也。”

六四，师左次，无咎。

六四爻说的是战争中恰当的处置，度其情事，该退则退，则可保证“无咎”。古人尚右，右进左退，“左次”则为退后驻扎。

六五，田有禽。利执言，无咎。长子帅师，弟子舆尸，贞凶。

六五爻说了三件事。“田有禽”，田猎有所擒获。“禽”，古“擒”字。“利执言，无咎”，利于执行其言，没有什么过错。阴爻居于君位，是听命于君，遵从执行君言，可保“无咎”。最后一段回到战争中来，本应长子统帅军队，却改任其弟，因位不顺，多有伤亡，用车运回阵亡者尸体，所以占问的结果为凶。也可以理解为长子与其弟的分工，长子统帅军队，阵亡者则由其弟运回。

上六，大君有命，开国承家，小人勿用。

上六为一卦之终结，战争结束，国君有命，立功者开国承家，多有嘉奖，那些如庶民等小人物则用不着在意。

比：寸步不离的跟随

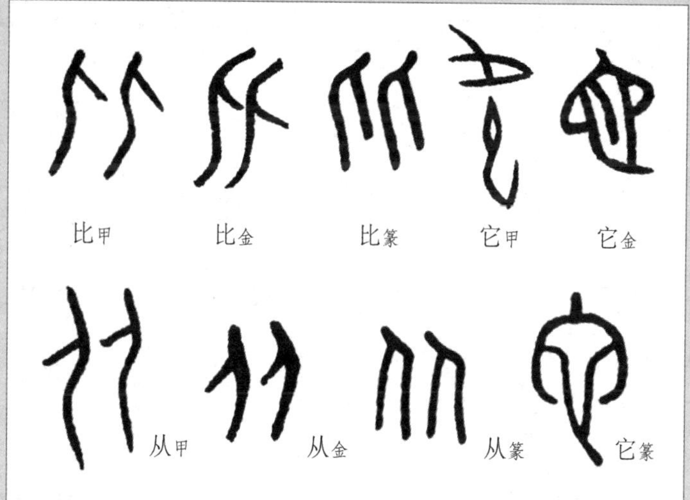

比 ䷇

比卦内卦坤外卦坎，与师卦互倒。

“比”字甲骨文作“”，金文作“”，基本同形。象两个人紧靠一起，方向相同，亲密无间。“比”的字形恰好与“从”字方向相反，“从”字甲骨文作“”，金文作“”，是“從”的本字。古时二字的区分并不严格，有混用的情况，原因是二者既有区别，又比较接近。只不过方向向左，突出了跟从义，方向向右，突出了紧靠义。紧靠、亲密，是“比”的本义。

比卦中的“比”字，因坤坎多有相同含义，卦名应出自“比”的本义，但卦爻辞中也有引申义，如“辅助”“依靠”等义。

除了具有同样属性之外，尚秉和认为，比卦还与坎坤二卦在先天八卦和后天八卦的位置重合有关。以方向论，先天八卦坤居北位，后天八卦坎居北位，先天后天位置重叠，故为“比”。

伏羲先天八卦

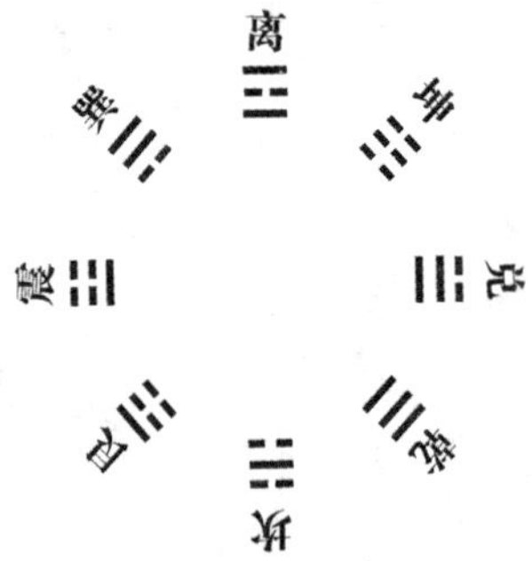

文王后天八卦

“比”字亲密紧靠，象征同心，方向一致，象征凝聚的精神，所以起初为褒义。而《论语》说：“君子周而不比，小人比而不周。”用的已是贬义。“比”有了勾结义。但比卦采用的仍是其本义。

比卦卦爻中，一阳率众阴，象一君率众臣。而阳爻恰居君位，君臣各得其位，所以为“吉”。

比卦的卦爻辞如下：

比，吉。原筮，元永贞，无咎。不宁方来，后夫凶。

初六，有孚，比之无咎。有孚盈缶，终来有它，吉。

六二，比之自内，吉。

六三，比之匪人。

六四，外比之，贞吉。

九五，显比。王用三驱，失前禽。邑人不诫，吉。

上六，比之无首，凶。

比，吉。原筮，元永贞，无咎。不宁方来，后夫凶。

“比，吉”，如前文所述，阳爻居君位而率众臣，阴阳各得其位，故“吉”。“原筮”的“原”说法不一，应释为推究其原。推究所筮之卦，占问大事、长久之事，没有问题。“不宁方来，后夫凶”，即使不安定的方国也来朝觐，后来者要倒霉。《国语·鲁语》曾讲过一个故事：当初大禹在会稽山召集各部落会盟，防风氏因为迟到，被大禹杀了头。卦辞或出自此典故。

初六，有孚，比之无咎。有孚盈缶，终来有它，吉。

初六爻占问的是掠夺战争的结果，抢来了大量的财宝，跟随辅助此次战事，不会有问题。获得的财宝装满了盆盆罐罐，但最后还是有了意外。不过总体说来，此次出征为吉象。

“有孚盈缶，终来有它，吉”一句充满了哲学思辨，获取的东西装得太满，满则溢，所以才“终来有它”，出了事；但正因为出了事，所以结果是“吉”。因为失去解决了“满”（盈缶）的问题，因此说，失去未必是坏事，往往失去才会“吉”，才会化解不幸。“缶”是罐子的意思。“它”字金文作“”，篆字作“”，为蛇形，最初是蛇的意思。上古时居处野草丛生，出门经常会意外遇到蛇，所以人们见面的问候语是：“没遇到它（蛇）吧？”此后，“它”就代表不期之祸。甲骨文的“它”字作“”，一条蛇上多了一只脚。乍一想，百思不得其解，但后来竟豁然开朗。想想看，出门从草丛中蹚过，猛地踩到一条蛇，突然间的感觉是什么样子？简直太可怕了。

六二，比之自内，吉。

六二爻的“比之自内”，说的是六二处的位置为内卦中间，属臣之正位，以此位辅佐君上，所以“吉”。

六三，比之匪人。

六三爻处在内卦最上位，上面紧挨的是阴爻，以阴辅阴，所以辅佐的人不当。《周易》的“匪”，多通“非”，如帛书本一般径书为“非”。

六四，外比之，贞吉。

六四跃居外卦第一爻，紧挨一卦之君爻，所以，以此位辅佐之，“贞吉”。

九五，显比。王用三驱，失前禽。邑人不诫，吉。

九五爻为阳爻处一卦之君位，所以，臣下的辅佐之功在此大显。王凭此辅佐，追赶猎物，一追再追，还是没追上，追丢了。追丢了未必是坏事，因为并未以此责罚惩处住在附近的百姓，所以会获取民心。失禽而获民心，自然“吉”。这是“大禽”和“小禽”的区别。

上六，比之无首，凶。

上六为一卦之穷途末路，到了头，上无辅佐之人，自大无君上，所以才会出现卦辞中的“后夫”，到头来不会有好的结果，身首异处也不足为怪。

小畜：

一分耕耘，一分收获

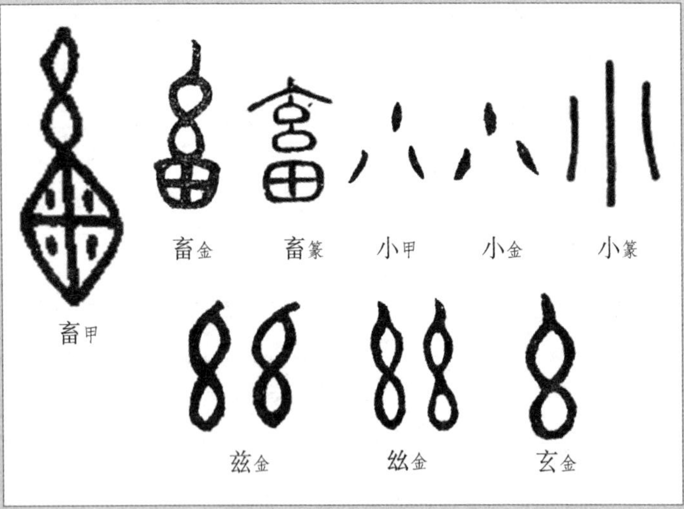

小畜䷈

《周易》六十四卦中有两个畜卦，别为大畜和小畜。

小畜卦内卦乾外卦巽，只有六四为阴爻，余五爻为阳爻。阴为体阳为用，阴象有物，有积蓄。小畜，即小有积蓄。尚秉和释“畜”为“止”，不妥。郑玄注《周礼》：“始养曰畜。”小畜卦当用此意。

“畜”，金文作“”。上面的“”一般释为玄，象将丝两头对拧成线，也象草木向上滋生。后者之义，可从两个“”字组成的“兹”字窥见端倪。《说文》说：“畜，田畜也。”段注：“田畜谓力田之蓄积也。”可见“畜”的本义当为田中耕作得到的积蓄。

但从爻辞中如“复自道”“牵复”“舆说辐”“尚德载”“君子征”等看，畜卦应与出行所用畜力有关，即畜卦和牛、马等牲畜有关。这些牲畜从外面拉回来许多收获，成为本部落的积蓄，所以，也与蓄积不相矛盾。

小畜卦卦爻辞如下：

小畜，亨。密云不雨，自我西郊。

初九，复自道，何其咎，吉。

九二，牵复，吉。

九三，舆说辐。夫妻反目。

六四，有孚，血去，惕出无咎。

九五，有孚挛如，富以其邻。

上九，既处既雨，尚德载。妇贞厉。月几望，君子征凶。

小畜，亨。密云不雨，自我西郊。

小规模用牲享祭。浓云从西郊而来，但没有下雨。小畜，指小规模用牲畜做牺牲来祭祀。“密云不雨”来自小畜卦象，乾下巽上，乾为天巽为风，风在天上，吹动云层但形不成降雨。之所以是西郊，多以二至四的互卦为解，从九二至六四，互卦为兑，而兑在后天八卦中所处方位为西，故曰“自西”。“郊”如前文所解，若以内卦为国，外卦第一爻处在郊牧野的郊位。

初九，复自道，何其咎，吉。

“复自道”的“复”，应来自十二消息卦的“复”，初九为阳爻，象一阳来复。车马从道路返回，当有所收获，怎么会有事？所以，肯定是“吉”。

九二，牵复，吉。

九二爻是说怎么回来的。或许是收获太多，所以是牵着牲畜拉回来的。

九三，舆说辐。夫妻反目。

“舆”为车；“说”，通“脱”，脱落；辐是用于连接车轴和轮毂之物，相当于今天的辐条。不知是不是拉回来的东西太多，把车轮辐条压断了，结果导致夫妻吵架。夫妻吵架之象来自九三和六四的爻位，六四为阴爻在上，九三为阳爻在下，阴阳位不顺，所以夫妻吵架。

六四，有孚，血去，惕出无咎。

六四为小畜卦唯一阴爻，象征积蓄。“有孚”是说从外面拉回来的收获非常多，这样就有了积蓄。“血去”的“血”借为“恤”，忧恤、忧虑。高亨认为“惕”借为“逖”，指远的意思。有了收获，积蓄很多，就不愁储备，远征可以“无咎”。看来，此次掠来的财物和人口的地方，不会太远。

九五，有孚挛如，富以其邻。

九五爻告诉我们大车小车拉回来的收获是从哪里掠夺的。“挛如”是连成串的样子，不管是财物还是人口，掠来了不少，一串一串的。这些财富从哪里来？不是从别处，就是从周围邻近的部落掠来的。

上九，既处既雨，尚德载。妇贞厉。月几望，君子征凶。

上九爻的天气情况是雨一会儿停一会儿下，不过没关系，车上还是载了不少。“处”是停止的意思；“德”，通“得”。上九为极位的阳爻，因此，如用以占问女人之事则不利。“月几望”即“月既望”，为十六的月亮，月满到头，与上九爻所处位置类似，即将由盈转亏。阳爻为君子，如遇此爻，因有穷象，君子不宜出征。

履：

一脚踩下去

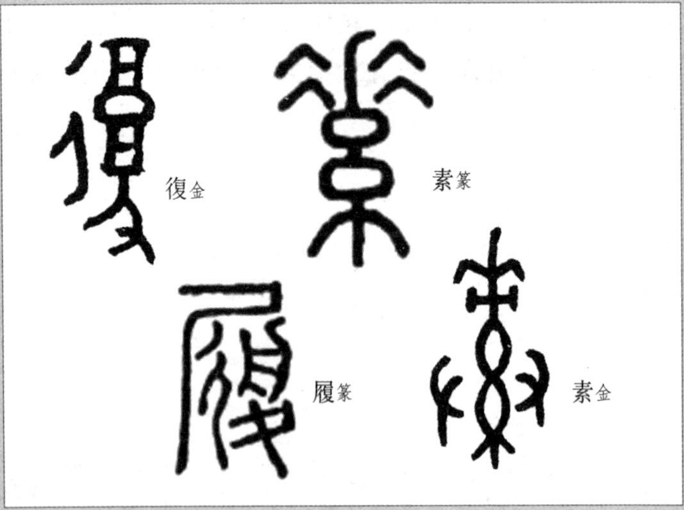

履 ䷉

履卦内卦为兑外卦为乾，兑泽乾天，上天下泽。

“履”字在流行本《周易》中最早出现于坤卦初六爻“履霜，坚冰至”。做名词用时，是鞋的意思；做动词用时，是履行、踩踏的意思。这两种意思在卦爻辞中都有使用。如“素履”“夬履”是名词，“履虎尾”则用于动词。

履卦的卦名可能来源于周始祖的神话。《史记》记载，帝喾的元妃姜原在野外看见巨人的脚印，姜原心中突然有一种想踩一踩的冲动，于是她果真去踩了这只巨大的脚印，结果生下周人的始祖后稷。因为来路不明，家人试图把婴儿扔掉。但扔了三次，婴儿都受到鸟兽的保护，所以，姜原还是将婴儿抱回抚养。因为扔过几次，因此孩子起名叫“弃”。弃长大后成就一番事业，成为周族的祖先。履卦上天下泽，象天

上天下泽

踩在沼泽中，留下巨大的脚印，因此以“履”命名。这是早期野合婚配的一种写照，是母系氏族社会遗留下来的痕迹，反映的是部族起源的早期状态。

履卦卦爻辞中屡次提到“履虎尾”，历代都没有令人信服的解释。只有李镜池的解释比较新颖，认为“履虎尾”是占梦。

和在草丛中踩到蛇不同，“履虎尾”在现实中几乎是不可能发生的事，但它象征着极其危险的事，履卦卦爻辞即用此比喻危险。

履卦卦爻辞如下：

履虎尾，不咥人。亨。

初九，素履，往无咎。

九二，履道坦坦，幽人贞吉。

六三，眇能视，跛能履。履虎尾，咥人，凶。武人为于大君。

九四，履虎尾，愬愬，终吉。

九五，夬履，贞厉。

上九，视履考祥，其旋元吉。

履虎尾，不咥人。亨。

踩到虎的尾巴，老虎却不咬人。比喻遇到危险的情况，但没有危险的结果。遇此卦，可举行享祭。

初九，素履，往无咎。

“素履”是没有花纹的鞋，以此喻无形之履，如上文故事里的“天之履”。因为无形，即使踩到的是虎尾，也没有危险，所以“往”而“无咎”。

九二，履道坦坦，幽人贞吉。

九二爻的“履道”指所行之路；“坦坦”，形容大路平平坦坦，因为君子心胸宽广，所行之路坦坦荡荡。“幽人”指被囚禁起来的人。这一段很像当年文王被囚禁羑里的情况。虽然文王被商纣囚禁，但因为一向为人坦正，所以占问的结果是“吉”。

六三，眇能视，跛能履。履虎尾，咥人，凶。武人为于大君。

“眇”本义应为视力微弱，后来也用来指瞎了一只眼睛。“跛”是瘸腿的意思。“咥”是咬的意思。六三爻是说，即使瞎了一只眼睛，依然可以看见。即使瘸了腿，依然可以走路。但即使不瞎不瘸，如果踩到虎尾，就会被虎吃掉。旨在告诉我们，瞎了眼睛瘸了腿未必是什么坏事，但去做危险的事就不会有什么好的结果。“武人为于大君”，是说遇此爻，武臣将有作为于国君。六三阴爻，臣象，上承君象之乾卦，所以佐君会有所作为。帛书本作“武人迥于大君”，在乾坤卦中“用九”“用六”的“用”帛书本亦写作“迥”，所以，帛书中“迥”“用”通，则“武人迥于大君”即“武人用于大君”，所以释为“遇此爻，武臣将有作为于国君”更妥。

九四，履虎尾，愬愬，终吉。

九四爻再次提到“履虎尾”，但这次遇到危险的事，态度是小心谨慎，所以最后也不会有问题。“愬愬”，恐惧警惕的样子。

九五，夬履，贞厉。

“夬”通“缺”。鞋缺了一块，坏掉了，无法走路，所以用以占问则有危险。履卦为上乾下兑，夬卦为上兑下乾，在此提到“夬履”，或许暗藏什么玄机。留待将来考量。

上九，视履考祥，其旋元吉。

上九爻为履卦一卦之最上爻，至此可回顾一卦之历程、履历，所以在此“视履”。“视履”（回看走过的路）目的是“考祥”，考量其吉凶。“祥”现在的意思是吉祥，本义则含吉凶两方面的预兆。因为走到尽头，所以至此则要往回走，即“旋”。至此而“旋”，结果为大吉。

泰：最隆重的阴阳交合

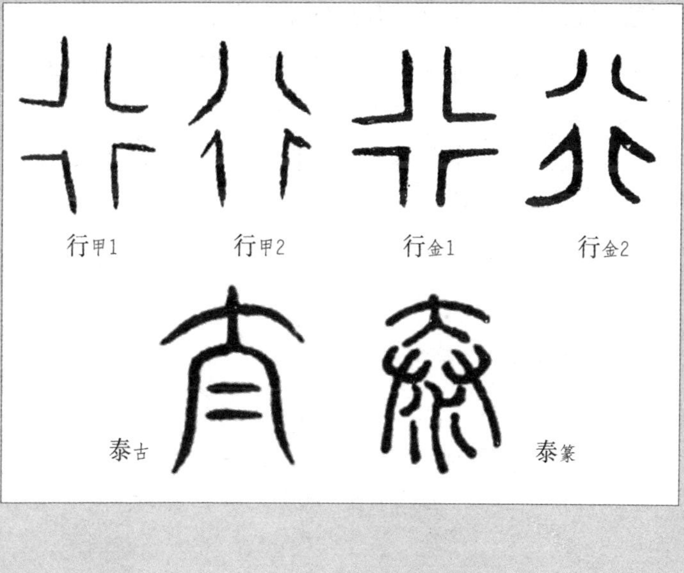

泰䷊

泰卦是天地之卦。内卦为乾卦，外卦为坤卦，乾为天，坤为地，天在地中，象天地交合。

因天地交合，衍生万物，所以万物亨通。泰卦的“泰”，就是通的意思。

那么，通的义项从何而来？“泰”字的来历不是很清晰，《说文》作“”，从字形上看，上面的“大”字为人形，两边是两只手，下面是水，象两只手掬水为人沐浴。而《说文》古字干脆就写作“”，也就是“汏”字。“汏”的本义即为淘洗的意思。洗净污浊，即可保持畅通，所以，“泰”的本义即为通。

泰卦的含义，与古代先民生命起源观念有关。天为最大的阳，地为最大的阴，所以天地为阴阳最典型的代表，天地的交合，就是最大、最原始阴阳的交合，是“一生二”之后“二生三”的过程。《系辞传》亦有类似叙述：“易有太极，是生两仪，两仪生四象……”由是万物蕃生，才有天地间的一派生机勃勃。所以，古代先民有许多祭祀与天地交合有关，以天地相交合的意象来祈求人口的繁盛和作物的丰收。

泰卦卦爻辞如下：

泰，小往大来，吉，亨。

初九，拔茅茹以其彚。征吉。

九二，包荒，用冯河，不遐遗。朋亡，得尚于中行。

九三，无平不陂，无往不复。艰贞无咎。勿恤其孚，于食有福。

六四，翩翩，不富以其邻，不戒以孚。

六五，帝乙归妹以祉，元吉。

上六，城复于隍，勿用师，自邑告命。贞吝。

泰，小往大来，吉，亨。

乾为阳、为天，坤为阴、为地。相对而言，阳大阴小，天大地小。乾在内为近，坤在外为远，所以泰卦为“小往大来”。如《彖传》所言，在事、在物为“内健而外顺”，在人则为“君子道长，小人道消”，所以“吉”，遇此卦可举行享祭。

初九，拔茅茹以其彙。征吉。

将同一类的茅草连根拔起。占问远征则吉。“彙”，同类为彙。“彙”字本义为刺猬，帛书径作“胃”，即“猬”。

九二，包荒，用冯河，不遐遗。朋亡，得尚于中行。

九二爻的“包荒”，历来有很多释读，但都难以令人信服。从后文“用冯河”来看，应该是一种渡河的工具。“包”字象孕育胎儿的子宫，当用来指形似子宫的口袋一类物品。“荒”字或借为虚，“包荒”可解为口袋中虚状；或为荒草义，“包荒”则可解为往口袋中填充荒草。这样，或充气，或填草，然后把口袋扎紧，就可以成为渡河的工具，可能类似于今天所见的羊皮筏子。“冯河”的“冯”即“凭（憑）”字，是“凌波”的“凌”的意思。“河”即今天的黄河。“用冯河”，用以渡黄河。“不遐”，即不远。“遗”，闻一多认为“遗读为隤，坠也”。“朋亡”，帛书作“弗忘”，“朋”当是“弗”之讹。“尚”，同“上”。“行”，甲骨文作“𠙹”，象十字路口，是路的意思。“中行”，指大路。

通解爻辞，意为：用皮筏子渡黄河，不多远竟坠入河中，但没有溺亡，最终得渡黄河，走上大路。

九三，无平不陂，无往不复。艰贞无咎。勿恤其孚，于食有福。

九三爻的第一句充满了思辨意味，世间没有平而无坡的，也没有去而不回的。因此说，遇“艰”则可以期待“顺”。九三之外为坤卦，坤象征“顺”。“艰贞无咎”，占问艰难之事，必会逢凶化吉。“勿恤其孚，于食有福”，不用担心被外族掳掠，还有有吃有喝的福可享。

六四，翩翩，不富以其邻，不戒以孚。

“翩翩”，鸟飞的样子，比喻不以为意的状态，结果遭邻族抢夺，陷于“不富”。“不戒以孚”，因为不戒备，所以被抢。

六五，帝乙归妹以祉，元吉。

“帝乙”，据《左传·哀公九年》，当为微子启之父。微子启是商纣王庶兄，所以，微子启之父即商纣王之父。“归妹”即嫁女。“祉”，多解为“福禄”。帛书本作“齿”，《尚书·禹贡》有“齿革羽毛”，《诗经·鲁颂·泮水》有“元龟象齿”，都是指贵重物品。所以“齿”当为陪嫁之物——象牙。爻辞意为：帝乙嫁女，陪嫁以象牙，大吉。

帝乙乃商王，其女所嫁必定不是等闲之人。据高亨考证，帝乙嫁女，正是嫁给当时已颇有势力的西伯，即日后的周文王。这可能是一个用和亲的方式安抚方侯的故事。

上六，城复于隍，勿用师，自邑告命。贞吝。

上六是一卦之尽头，泰尽否来，所以是“贞吝”。“复”即“覆”。“隍”是城墙外面的壕沟。城墙倾覆于壕沟，不可用兵。邑人前来告知城覆之事。

否：向左走，向右走，还会碰面吗？

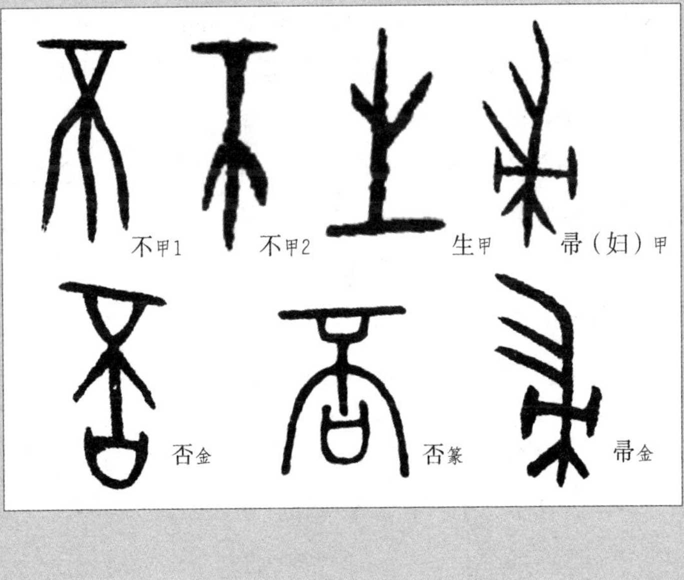

否䷋

否卦亦是有关天地之卦。与泰卦相反，下坤上乾，天在上，地在下，天地分离，各自封闭，互相不通，这种状态名之为“否”。

“否”字的本字当为“不”，甲骨文作“”或“”，有人认为是倒置的“生”（甲骨文作“”）字，所以有不生、闭塞等否定义。加上“口”字的“否”，多用来指闭塞不通，以及与“好”相反的状态，如“臧否”的“否”。帛书“否”作“婦”。“婦”字甲骨文作“”，即“帚”字，是“婦”的本字，字形象在植物的穗和根之间束扎，表达生命上下闭塞不通，是“否”的原始义项，或许是“否”的本字。

否卦的“否”字，用来表达与“泰”相反的含义。《周易》的卦爻，是用静态的卦画来表达一种动态，天本在上，地本在下，如天在地之下，则象天从上而下，地从下而上，从而天地交合，即为“泰”。天地安于原位，则为不动，各行其道，无法交合，是闭塞之象，即为“否”。

从另一个角度理解，坤内乾外，坤离得近，乾离得远，象坤由远而近，乾由近而远，所以如《彖传》所言：“小人道长，君子道消也。”亦与泰卦相反。

否卦卦爻辞如下：

否之匪人，不利君子贞，大往小来。

初六，拔茅茹以其彚，贞吉。亨。

六二，包承，小人吉，大人否。亨。

六三，包羞。

九四，有命无咎。畴离祉。

九五，休否，大人吉。其亡其亡，系于苞桑。

上九，倾否，先否后喜。

否之匪人，不利君子贞，大往小来。

“否”是好的相反状态，具有“否”这种品质的不是君子之人。因为“君子道消”，所以此占问不利于君子。乾象大，坤象小，乾去坤入，所以是“大往小来”。

初六，拔茅茹以其彙，贞吉。亨。

否卦初六与泰卦初六同有“拔茅茹以其彙”一句，可作同解：将同一类的茅草连根拔起。占问遇此爻“吉”。可举行享祭。

六二，包承，小人吉，大人否。亨。

六二爻“包承”与六三爻“包羞”或与享祭的祭品有关。高亨认为“承”借为“脀”。“脀”，《广韵》：“以牲实鼎也。”当是祭祀用的蒸肉。“包”当是“庖”字，烹制的意思。烹制蒸肉以供祭祀，对于普通人为吉，对于上层人则不吉。此祭祀应指享祭。六二爻是坤位、臣位，所以有利于下层之人。

六三，包羞。

六三爻只有“包羞”二字，没有吉凶评价，应该是承六二爻省。羞是有滋味的熟肉，也应当是用来祭祀的。“包羞”，烹制有滋味的熟肉。

九四，有命无咎。畴离祉。

从九四爻开始进入外卦乾，渐渐远离“否”的负面因素。

九四紧靠九五的君位，承君之命。君在此位“有命”时机恰当，所以此命当“无咎”。“畴”指同一类者；“离”，帛书作“羅”，在此是承受的意思；“祉”，福祉。“畴离祉”，同类者得到福祉。

九五，休否，大人吉。其亡其亡，系于苞桑。

九五爻为阳爻处君位，有利于“大人”，所以“休否，大人吉”。否的状态停止，“大人”遇此爻吉。“其亡其亡，系于苞桑”，表达的是一种忧患意识。《系辞》说：“君子安而不忘危，存而不忘亡，治而不忘乱，是以身安而国家可保也。《易》曰：其亡其亡，系于苞桑。”“其亡其亡”，是一种担心危亡的感叹。“系于苞桑”，系在茂盛的桑树上。九五爻为一卦之主，把东西系在主心骨上，就不用担心丢失了。

上九，倾否，先否后喜。

上九为否卦之尽头，否运至此倾覆。先头是否运，此后所遇则是喜事了。

同人：光明与光明的相聚

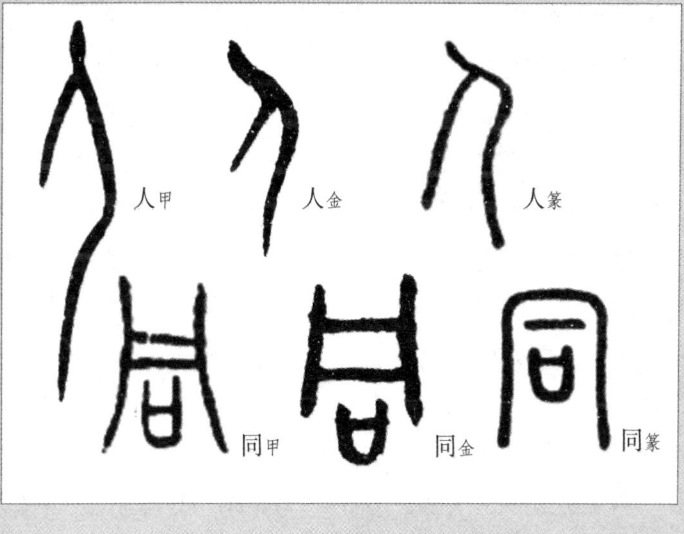

同人䷌

同人卦内卦离，外卦乾。离为火、为日，乾为天，象日附丽于天。

天日同明，所以卦名“同人”。与比卦中地与水的关系相似，同人卦的天与日也是一种依附关系。而且，与比的坤坎类似，乾在先天八卦中方位居南，而离在后天八卦中方位居南，二者先天后天相重叠，这或许也是卦名同人的原因。

“同”字甲骨文作“”，金文作“”，由“”和“”构成。“”隶定为“凡”，象模具，用此模具，可以制作出相同的产品。而下面的“”，即象征着用模具“”制作出的相同的产品。这就是“同”字义项的来源。

“人”字甲骨文作“”，金文作“”，象一个侧面的人形。其实“大”字亦为人形，但“大”是正面站立的人，而“人”则为侧面恭立的人，“大人”的地位高于人。也许是出于与《周易》同一理念的缘故，侧面的“人”最终被以谦恭为美德的中国古代先人所采用，成为人的义项的首选。“人”的概念究竟应该怎样定义？我们来看看古人怎么说。《说文》中说：“人，天地之性最贵者也。”《礼记・礼运》中说：“人者，天地之德，阴阳之交，鬼神之会，五行之秀气也。”所要表达的意思是，人是天地万物之灵。古人把此世间概括为三才，天、地、人各居其一。

“同人”的“人”，同“方以类聚，物以群分”的“方”。此“方（）”字与“人（）”字古字形近，所以将“人”

讹为“方”。“方以类聚，物以群分”，本应作“人以类聚，物以群分”。“同人”即为相同之人、同族之人、同行之人。而卦爻辞中的“同人”于某地，则意为聚众于某地。

同人卦卦爻辞如下：

同人于野，亨。利涉大川。利君子贞。

初九，同人于门，无咎。

六二，同人于宗，吝。

九三，伏戎于莽，升其高陵，三岁不兴。

九四，乘其墉，弗克攻，吉。

九五，同人先号咷而后笑，大师克相遇。

上九，同人于郊，无悔。

同人于野，亨。利涉大川。利君子贞。

同人卦一阴率众阳，而唯一的阴爻恰好处在其应在的位置六二爻上。二爻为坤位，相应的九五乾位又是阳爻，二五之位相顺。所以，虽为一阴率众阳，但依然有利。六二为地，为田野，所以“同人”之地为“野”。卦辞意为：聚集众人于野外，可行享祭。遇此卦，有利于渡大河。遇此卦，有利于占问君子之事。

为什么要聚集众人？从爻辞看，当与战争有关。聚集部族众人，做各种仪式和战前准备，然后出征攻击外族。

初九，同人于门，无咎。

初九为一卦之初始，所以聚众的地方不远，在大门口。事在酝酿阶段，可以“无咎”。

六二，同人于宗，吝。

六二为一阴率众阳的阴爻，可以想见前路之艰难，所以“吝”。这一次聚集的地方是宗庙。“宗”字甲骨文作“”，是在房屋中供祭之象，意为祖庙。聚众于祖庙，可能就是举行“庙算”之事，做庙算胜还是庙算不胜的权衡，对将会遇到的困难做好充分的心理准备。

九三，伏戎于莽，升其高陵，三岁不兴。

九三爻的战事本拟为伏击战。把军队埋伏在草莽之中，但有人登上了高处，暴露了目标。此后三年战事不兴。

九四，乘其墉，弗克攻，吉。

九四爻是一场惨烈的攻坚战，本来已经打到了城墙之上，但还是没有能够攻克下来。但这次失败未必是一件坏事。有了攻坚的经验，待条件成熟，则会一战成功。所以“弗克”亦为“吉”。

九五，同人先号咷而后笑，大师克相遇。

攻坚战的失败伤亡惨重，士兵们嚎啕大哭。但是后来他们笑了，因为增援的大军到了，会师后的大军取得了胜利。从六二的坤位上升到九五的乾位，先悲后喜，终得成功。

上九，同人于郊，无悔。

上九为同人卦之终爻，战事结束，凯旋于城郊。战事结果当与战前预测基本吻合，所以“无悔”。

大有：阳光普照，万物生长

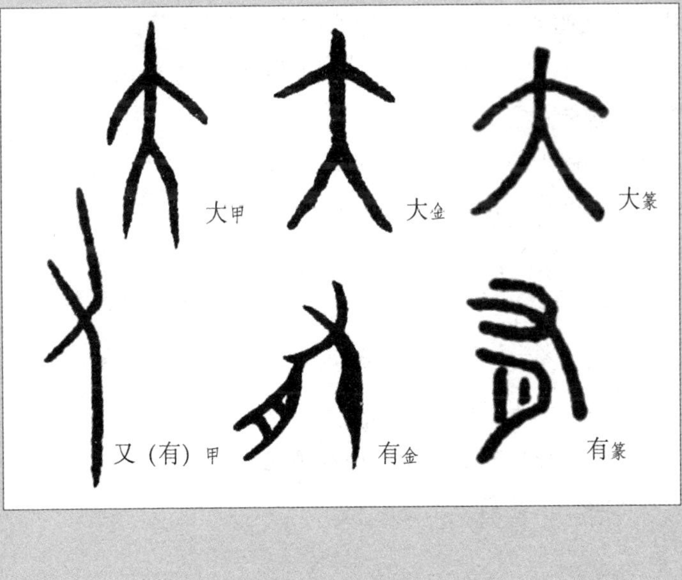

大有䷍

同人卦倒置，即为大有卦。下乾上离，象日在天之上。日高挂于天上，普照万物，万物因此而生长繁衍，所以卦名“大有”。

“大”字甲骨文作“”，为正面人形。《说文》以《老子》语解“大”字：“天大，地大，人亦大焉，象人形。”“大”冠“有”前，说明“有”的无所不包。

“有”字初作“又（）”，是一只手形，象手将持物，并无下面的“月（肉）”字。因“”字一字多义，如除“有”义外，还有“又”“右”“祐（佑）”等义，所以始出“有”字以别之。金文作“”，象手持物。所持何物，《说文》认为是“月”，但从金文字形看，从“肉”之字均作“”，所以所持之物当为肉。《金文编》说：“从又持肉，会意，当在肉部下。《说文》从月，非。”以手持肉，象所持之丰富。“大有”则更为丰富。

古时称丰收为大有。从大有的爻辞看，多与收获丰盛有关。

大有卦卦爻辞如下：

大有，元亨。

初九，无交害，匪咎，艰则无咎。

九二，大车以载，有攸往无咎。

九三，公用亨于天子，小人弗克。

九四，匪其彭，无咎。

六五，厥孚交如威如，吉。

上九，自天祐之，吉，无不利。

大有，元亨。

因为大丰收，所以可以举行盛大的享祭。

初九，无交害，匪咎，艰则无咎。

初九或许因为是开始状态，虽将丰收，但尚未收获，没有可以抢夺之物，所以还不会互相加害，没有危险。如果能继续艰苦劳作，收获将错不了。

九二，大车以载，有攸往无咎。

九二爻位为坤、为地、为田野，至此开始收获，用大车去载物。“有攸往”，不知是到田中收获，还是到外族去抢夺，反正不会有问题。

九三，公用亨于天子，小人弗克。

或许是收获太丰盛，此番享祭规格极高，是公侯受享于天子，应该就是卦辞所说的“元亨”。但这是贵族的盛宴，与小民无关，所以“小人”未能参与其中。

九四，匪其彭，无咎。

九四爻说的还是收获的丰盛。“匪”在此用的是其本义“筐”的意思，“匪”字是竹筐子的象形，是“筐”的本字。“彭”字的左部是鼓的象形，右边的三撇象鼓发出的声音，整个字会意为鼓声，如《诗经》中《鲁颂·駉》的“以车彭彭”，《齐风·载驱》的“行人彭彭”，都是以鼓声引申为盛大貌。大车拉回的收获装了一筐又一筐，气势盛大，所以“无咎”。

六五，厥孚交如威如，吉。

“厥”是其的意思；“孚”即“俘”，指收获；“交如威如”，帛书作“交如委如”，“交如”是交叉叠压的样子，“委如”是堆积的样子。六五爻辞意为：所获堆积如山，吉。

上九，自天祐之，吉，无不利。

六五在天位，以阴辅上九之阳，有此来自天位的辅祐，即使处于一卦之穷位，依然“吉，无不利”。其辅祐之资本就是堆积如山的收获。“祐”“有”同源于“”，所以在此用“祐”字，帛书本径用“右”字。

谦：因为低头而高大

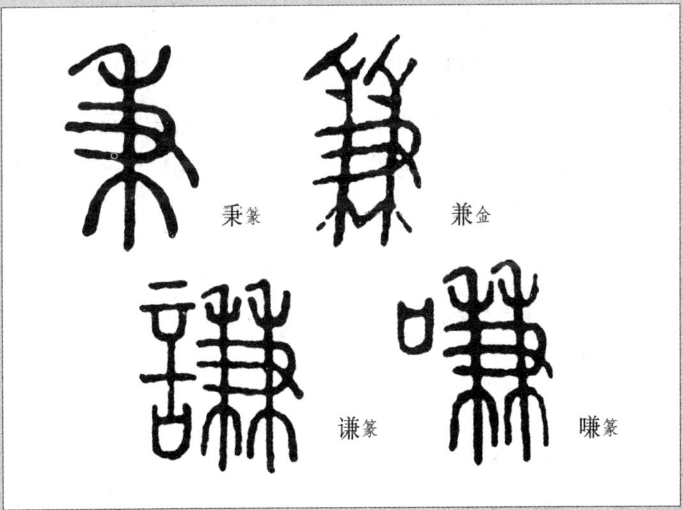

谦䷎

谦卦内卦为艮，外卦为坤，艮为山，坤为地，象山在地下。山高地卑，乃自然之象，而此卦为山在地下，显出山的谦卑之态，所以名为谦卦。

“谦”字帛书作“嗛”，二字通。《说文》：“谦，敬也。”段注：“谦或假嗛为之。”《说文》作“”。左侧或“言”或“口”，右侧为“兼”。“兼”字金文作“”，象一手持两禾，而“秉”字为一手持一禾，即手持一禾为“秉”，手持两禾为“兼”。持两禾比持一禾更有敬意，所以持两禾奉上为“谦”。而敬意以语言表达，所以用“言”或“口”做偏旁。“谦”的意思是通过自己的谦恭而表现出对对方的敬意。

“谦”字谦恭之义项，很可能就来自于《周易》的谦卦。如初六爻的“谦谦君子”，一直用到今天。

谦，是中国人的大智慧，其根据就是贯穿《周易》的“满招损，谦受益”。满谦是损益的原因，如果本已位高，却不知谦恭，往往会物极必反，下场凄凉。而反过来，如果位高而能谦，则可逢凶化吉，遇难成祥。

谦卦除六五爻之外，爻爻有“谦”字，所以结果多为有利。

谦卦卦爻辞如下：

谦，亨，君子有终。

初六，谦谦君子，用涉大川，吉。

六二，鸣谦，贞吉。

九三，劳谦，君子有终，吉。

六四，无不利，扮谦。

六五，不富以其邻，利用侵伐，无不利。

上六，鸣谦，利用行师征邑国。

谦，亨，君子有终。

遇此卦，可以举行享祭。君子可以有好的结果。历史上有多少人因为功高权重而不得善终，所以"有终"对"君子"至关重要，也是古人的终极追求。

初六，谦谦君子，用涉大川，吉。

谦而又谦的君子，占问遇此爻，可以渡大河，结果为吉。从卦义上说，虽然涉川为险，但君子因为谦卑，处处小心，所以不会遇到险情。从卦象上说，外卦为坤，有顺义，所以从初爻出发，会有顺利的结果。

六二，鸣谦，贞吉。

六二爻"鸣谦"的"鸣"，即"不鸣则已"的"鸣"，指有成就、有声誉。有成就、有声誉而能态度谦卑，占问的结果即为"吉"。

九三，劳谦，君子有终，吉。

九三爻"劳谦"的"劳"是功劳的"劳"、苦劳的"劳"，指对某事有过贡献。对某事有过贡献而能态度谦卑，君子就会有好结果。

六四，无不利，扮谦。

"扮谦"的"扮"，应依《集韵》解为辅佐。六四爻在六五爻所居君位之下，故以谦卑之心辅佐，“无不利”。

六五，不富以其邻，利用侵伐，无不利。

六五爻为君位，一族之首领，面对被邻族侵夺而失去财富，可以以谦卑之心向邻族反击，无有不利。

上六，鸣谦，利用行师征邑国。

上六亦为“鸣谦”。有成就、有声誉而能态度谦卑，出兵征伐不肯臣服的邑国也会获得有利的结果。

>>>

豫：

四时不忒，其乐融融

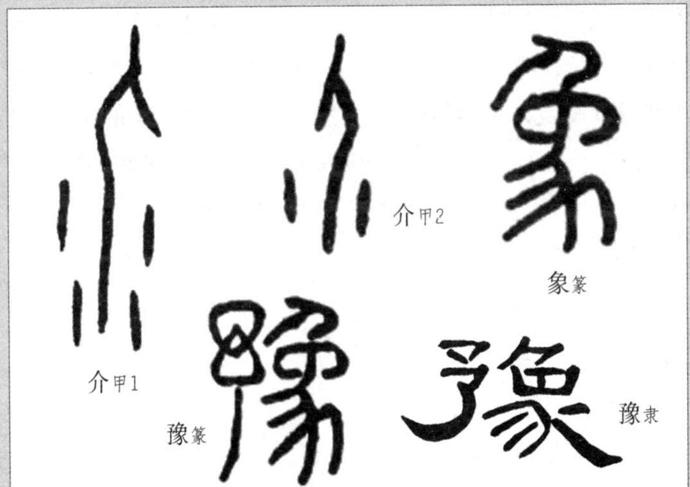

豫 ䷏

豫卦内卦为坤，外卦为震。坤为地震为雷，象雷从地出，即春雷第一声。

《说文》解“豫”为“象之大者”，又说“贾侍中说，不害于物”。象的特点为体型硕大、动作缓慢、性格温顺，而其大者以上特点则更为突出，由此引申出心情舒缓、宽松、喜悦。所以段注引《释诂》说：“豫，乐也。”

豫卦象雷出于地，时令相当于惊蛰。第一声春雷之后万物复苏，开始新一轮的生长，自然是一片喜悦之象，所以名为豫卦。

而震又为动，坤又为顺。震坤相叠，又象顺以动。所动顺势而为，则无不快意。因此《彖传》说：“天地以顺动，故日月不过，而四时不忒。圣人以顺动，则刑法清而民服。豫之时，义大矣哉！”大自然顺势而动，日月之行就不会有错，四季也不会颠倒错位。而圣人治国，亦顺势而动，政治就会清明，不会有冤狱发生，老百姓安居乐业，社会稳定。豫的关键就在于时机，什么时候该发生什么就发生什么，什么时候该做什么就做什么，结果就会皆大欢喜，一派祥和景象。

豫卦卦爻辞如下：

豫，利建侯行师。

初六，鸣豫，凶。

六二，介于石，不终日，贞吉。

六三，盱豫，悔，迟有悔。

九四，由豫，大有得。勿疑朋盍簪。

六五，贞疾，恒不死。

上六，冥豫，成有渝，无咎。

豫，利建侯行师。

占问遇豫卦，建立侯国和出征行军都有利。坤为地域、为国，而震为动，行师为动，所以有利于建国和行师。

初六，鸣豫，凶。

有点荣誉就沾沾自喜，结果为凶。“鸣豫”，是得意而忘形的那种喜悦。

六二，介于石，不终日，贞吉。

六二爻在内卦中位，因为位顺，所以虽然被困于石，但不过终日，即可解困。占问遇此爻则吉。介的本义为前后护住身体的铠甲，甲骨文作“”，从字形看，主要作用是保护下肢，所以也用以表示受到羁绊或禁锢。

六三，盱豫，悔，迟有悔。

六三为内卦坤的最后一爻，乾为阳、为君子，坤为阴、为小人。《集韵》释“盱豫”为“小人喜悦貌”，所以，盱豫是小人的喜悦。小人得意洋洋，一定会招致悔事，迟早会后悔。如今天所说：别高兴得太早，迟早会有后悔的时候。

九四，由豫，大有得。勿疑朋盍簪。

九四爻的“由豫”，“由”字帛书作“冘”。“冘豫”和“由豫”都是犹豫的意思，因此，此处的“豫”与快乐不同。九四为外卦震的第一爻，所以，说的应是“行师”之事。犹豫，指态度谨慎。“盍”即“嗑”，多嘴多舌的意思。“簪”即“谮”，帛书径作“谗”。因为态度谨慎，因此大有收获。但不要怀疑同行的人说坏话。

六五，贞疾，恒不死。

占问疾病遇此爻，病人短时间内不会死。

上六，冥豫，成有渝，无咎。

上六爻为一卦之终极，“豫”到了“冥”的状态。“冥”为昏暗义。爻辞意为：糊里糊涂的快乐，即使有所成也会发生变化，但这种变化还不至于带来不幸。

随：跟从脉搏自由踏浪

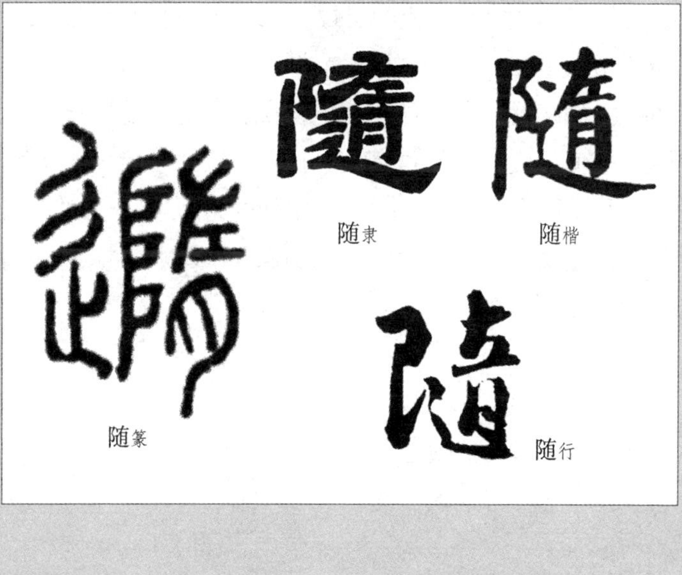

随 ䷐

随卦内卦为震，外卦为兑。震为雷，兑为泽。雷在泽之内，象秋天雷入于泽。从豫卦的春雷出于地，大地觉醒，万物复苏，再经过漫长的春、夏，又于秋天随季节的变换入于泽中，而兑在四季中为秋季，所以命名此卦为随，象雷入于秋泽。

《说文》释“随”为“从”，意为跟从。随卦内卦震为长男，外卦兑为少女，外跟随于内，内有主心骨，跟随为顺。从爻象看，六二臣位为阴，九五君位为阳，阴阳位顺，阴跟随于阳，臣跟随于君，跟随为顺。

随卦的随，是一种顺随，包含了中国古代顺天应人的哲学思想，所以，《彖传》说：“而天下随时，随时之义大矣哉！”这种思想是与豫卦一脉相承的。时的观念在中国古代极为重要，这个“时”是时节、时机的“时”，即要在对的时候做对的事。《彖传》还说：“动而说，随。”震为动，兑即说（悦）。这种愉悦是律动跟对了节拍带来的愉悦。因此，随卦所要表达的跟随、随顺，是一种踩准节奏的律动，犹如与旋律完全吻合的舞蹈，尽善而尽美。跟随的人对，跟随的方向对，跟随的时机对，跟随的位置对，跟随的顺序对，跟随的节奏对，结果就是对的。

随卦卦爻辞如下：

随，元亨利贞，无咎。

初九，官有渝，贞吉，出门交有功。

六二，系小子，失丈夫。

六三，系丈夫，失小子，随有求得。利居贞。

九四，随有获，贞凶。有孚在道，以明何咎。

九五，孚于嘉，吉。

上六，拘系之，乃从维之，王用亨于西山。

随，元亨利贞，无咎。

因为随顺，所以可举行盛大的享祭，以此占问有利，不会有问题。

初九，官有渝，贞吉，出门交有功。

“渝”，帛书作“谕”。“官有渝”是说官方有告谕。官方发布告谕，占问的结果是吉，于是人们跟随可做主心骨的人一起出门，大家互相帮助，都会有功劳。

六二，系小子，失丈夫。

六二爻的内容应该是跟随出门的收获，但此爻的结果不圆满，抓住小孩子，跑掉了大人，得小失大。

六三，系丈夫，失小子，随有求得。利居贞。

六三爻是抓住了大人，跑了小孩子。跟随出行，是为有所求，尽管有得有失，总算有所收获。占问遇此爻，有利于安居。

九四，随有获，贞凶。有孚在道，以明何咎。

跟随出行，有所收获，但跟随的人互相之间患多患寡，所以占问为凶。在路上俘获的人口、财物怎么处理？用盟誓的方式解决，这样就不会再有麻烦。“明”字读为“盟”，是“盟”的本字。

九五，孚于嘉，吉。

“嘉”，当为地名。李镜池释为“嘉国”。在“嘉”有所俘获，吉。

上六，拘系之，乃从维之，王用亨于西山。

高亨认为上六爻说的是周文王的故事。商纣王拘系文王于羑里，后来又放了他。文王归周后，在西山（即岐山）举行了享祭。“从”即“纵”。“维”是用绳子捆绑的意思。“纵维”即解开绳子，意为释放。“拘系之，乃从维之”，也可以理解为出于某种理由，把抓来的“丈夫”“小子”放掉，该抓的时候抓，该放的时候放，符合随卦所要表达的主旨。

蛊：养在盘中的小虫

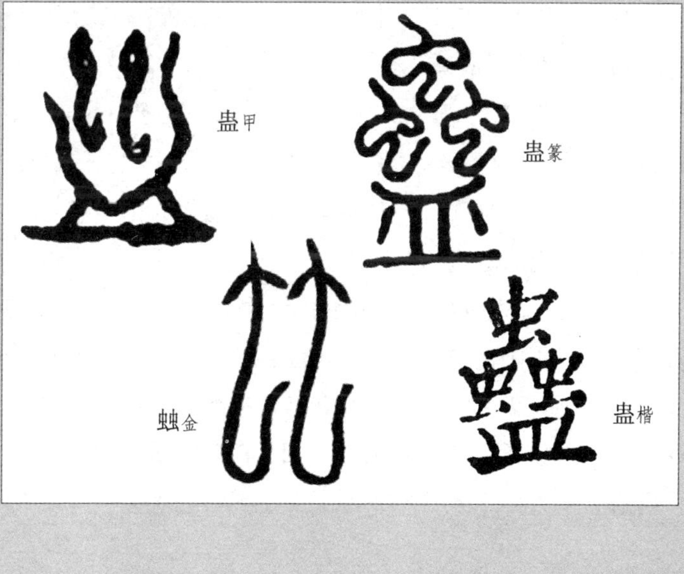

蛊 ䷑

蛊卦内卦为巽，外卦为艮，巽为风，艮为山。蛊卦卦象和卦名究竟有什么联系，至今是一个谜。《彖传》说：“刚上而柔下，巽而止，蛊。”艮为阳卦，兑为阴卦，所以是“刚上而柔下”。艮为山为止，“巽”又通“逊”，所以是“巽（逊）而止”，谦逊而能安静。可是谦逊而能安静和蛊有什么关系？《象传》说：“山下有风，蛊。君子以振民育德。”“山下有风”以及“君子以振民育德”和蛊又有什么关系？

“蛊”字，甲骨文作“”，象盘子里养着两只虫子。这两只虫不是什么好虫，要么是腹中的寄生虫，要么用来咬人，让人丧失正常的神志。这种虫子应该和早期的巫蛊之术有关。所以，蛊的本义有两个：一是蛊害，一是蛊惑。

蛊卦究竟何以名蛊？千百年来，似乎我们一直处在一种被蛊惑的状态难以出离。

帛书“蛊”作“箇”，当与“故”通。《序卦》说：“蛊者，事也。”因此历代多以“蛊”通“故”，释“故”为“事”，然后以“事”之义来解释卦爻辞。而《左传》提到蛊卦时均作“蛊”字，用的是蛊的本义。

《左传·昭公元年》医和在给晋侯诊病时说：“在《周易》，女惑男、风落山谓之蛊。”杜预注：“巽为长女，为风；艮为少男，为山。少男而说长女，非匹，故惑。”巽为阴卦，阴爻在初，所以象长女。艮为阳卦，阳爻在末，所以象少男。小男孩喜欢大女人，二人气场不匹配，小男孩当然会被大女人玩于股掌之上，受其蛊惑，难免做出不当之事。

如此看来，蛊卦的“蛊”用的是“蛊”的本义，即蛊害、蛊惑。《彖传》《象传》解释的不是卦名，而是卦位关系和卦象。二者并不矛盾。

蛊卦卦爻辞如下：

蛊，元亨。利涉大川，先甲三日，后甲三日。

初六，干父之蛊，有子考，无咎，厉终吉。

九二，干母之蛊，不可贞。

九三，干父之蛊，小有悔，无大咎。

六四，裕父之蛊，往见吝。

六五，干父之蛊，用誉。

上九，不事王侯，高尚其事。

蛊，元亨。利涉大川，先甲三日，后甲三日。

遇蛊卦，可举行盛大的享祭。比甲日早三天，或比甲日晚三天，有利于渡大河。

“先甲三日，后甲三日”是《易经》中第一次出现的日天干。古时以十天干记日，每月三十天，分成三等分，十天为一旬，分别对应甲、乙、丙、丁、戊、己、庚、辛、壬、癸十天干。比甲早三天即辛日，比甲晚三天即丁日。从辛日到丁日，正好七天，是古人认为的一个周期，正所谓“七日来复”（复卦卦辞）。

初六，干父之蛊，有子考，无咎，厉终吉。

“干父之蛊”应该理解为对父亲遭受的蛊之祸有所作为。

“有子考，无咎，厉终吉”，因为有子的孝心，所以不会有麻烦，虽然蛊之祸很危险，但结果为吉。“考”，通“孝”。

九二，干母之蛊，不可贞。

九二爻是坤位母位，所以是“干母之蛊”。“干父之蛊”则可，“干母之蛊”则不可。阴阳不同法，用同样的方法行不通。

九三，干父之蛊，小有悔，无大咎。

九三爻的“干父之蛊”有点小问题，不过也不会造成大麻烦。

六四，裕父之蛊，往见吝。

承受父亲的蛊之祸，往则遇见困窘。“裕”字帛书作“浴”，二字通，义通“被”，承受。

六五，干父之蛊，用誉。

六五处君位，地位高，所以在此位置而对父亲遭受的蛊之祸有所作为，会得到很高的声誉。

上九，不事王侯，高尚其事。

上九在君位之上，处于蛊卦的极端位置，即将走向反面，所以，爻辞说：“不事王侯，高尚其事。”意为不臣事王侯，并以此事为高尚之举。高亨认为，爻辞说的是伯夷、叔齐不肯事周之事。

临：俯视万物的生长

临䷒

临卦内卦为兑，外卦为坤。兑为泽，坤为地。地中有泽，地高泽低，有以高临下之象。

“临(臨)”字金文作“”。从结构上看，右边为人，是“临”的主体；左上为“臣”字，是竖置的眼睛，人向下俯瞰，眼睛自然是竖向的；下方的三个“口”，即隶定后的“品”字，品物即为众物。组合起来，临的初意为自上而下俯视众物。

临卦的“临”作何解，看法不尽相同。如以“临”的本义通释卦爻辞，则相对容易理解。但闻一多读“临”为“瀶”继而为“霖”，或可有深度挖掘。“霖”为绵绵阴雨之意，如以“临”为“霖”，则卦爻辞均与占筮天气有关。帛书“临”写作“林”，也可以理解为“霖”之省。闻说或可另辟蹊径。

临卦是十二消息卦中息卦的第二卦，复卦一阳始生，稚嫩脆弱，势力还十分单薄，《彖传》称其状态为“刚反”，刚之气刚刚返回，是一种苗头而已，表面上呈现不出气候。临卦则不同，阳气上升至九二爻，已确立趋势，所以《彖传》说：“临，刚浸而长。”

卦辞中的“至于八月有凶”，也应与十二消息卦对应的月份有关。周代的历法建子，以复卦对应的子月为第一个月，则临卦为二月（丑月）月卦，与临卦象相对的是阴气升到第二爻的遯卦，正当八月，从临到遯，恰好是阴阳颠倒，所以从临的角度看，“至于八月有凶”。

临卦卦爻辞如下：

临，元亨利贞。至于八月有凶。

初九，咸临，贞吉。

九二，咸临，吉，无不利。

六三，甘临，无攸利。既忧之，无咎。

六四，至临，无咎。

六五，知临，大君之宜，吉。

上六，敦临，吉，无咎。

临，元亨利贞。至于八月有凶。

筮遇临卦，可举行盛大的享祭，是有利的占问。但到了与临相对的遯卦所主八月，则会有凶。

初九，咸临，贞吉。

“咸”读为“感”。临卦只有初九和九二与应爻阴阳相应，即初九对六四，九二对六五，均有刚柔感应，所以，初九和九二为“咸临”。咸临，即以感应的状态临视。因有感应，所以占问结果为吉。

九二，咸临，吉，无不利。

九二爻同初九爻，同样是以感应的状态临视，结果自然是“吉，无不利”。

六三，甘临，无攸利。既忧之，无咎。

六三爻为阴爻处在阳爻之上，柔乘刚，所以，尽管以甘美之心临视，却并无利。而以忧患之心临视，则可化解不利局面，从而“无咎”。

六四，至临，无咎。

六四爻上升至上卦坤，坤为顺，以周到之心临视，可“无咎”。

六五，知临，大君之宜，吉。

六五爻为君位，以智慧之心临视，是处于君位的大君适宜之举，所以结果为“吉”。

上六，敦临，吉，无咎。

上六爻为一卦之末，以敦实宽厚之心临视，则可“吉，无咎”。

需要补充的是，如以帛书本为底本，则有完全不同的读解。以初九为例，“咸临”，帛书作“禁林”，“禁”与“感”毫不相干，所以从“禁”义出发，“咸”当读为“缄”。以此类推，“甘”当读为“拑”，“至”当读为“桎”。而“林”或指树林，或指某地名曰“林”。由此，“咸临”“甘临”“至临”读为“缄林”“拑林”“桎林”，都是指将人拘禁于林。

观：天在看

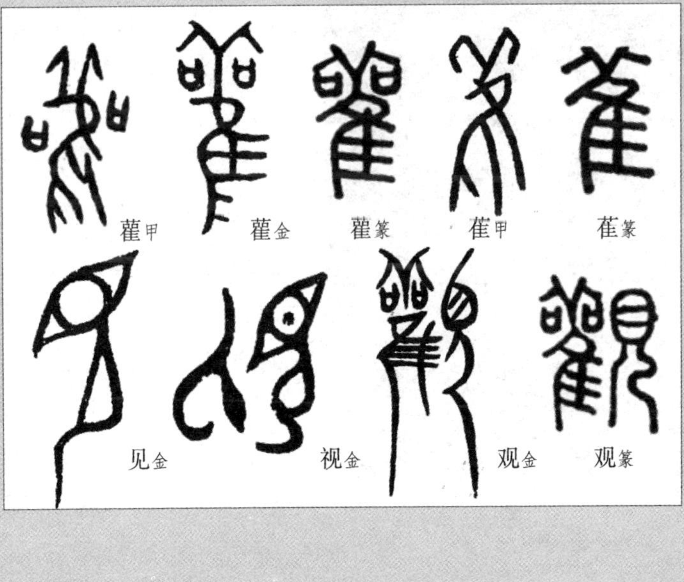

观䷓

观卦内卦为坤，外卦为巽。坤为地，巽为风。象风行于地上，即《彖传》所说“下观而化也”，所以名“观”。

“观（觀）”，《说文》解释为“谛视”，即仔细看的意思。“观（觀）”的本字当为“雚”，与“萑”或为同字异写。《说文》释“雚”为“小爵”，“爵”即“雀”，“小爵”则为“小雀”。从甲骨文看，“雀”字是小鸟的意思，当为麻雀一类的小鸟。《说文》释“萑”为“鸱属”，即猫头鹰一类的鸟。

“雚”与“萑”甲骨文分别作“[illegible]”“[illegible]”，从字形看，“雚”更像猫头鹰，是瞪着两只眼睛的猫头鹰；如果“萑”是猫头鹰的话，则只能是闭着眼睛的猫头鹰了。《说文》释“雚”为“小爵”，十分令人费解，所以，段注认为《说文》有误，“雚”非但不是小雀，而且是大鸟，即“鹳”，《庄子》称之为“觀雀”。不论“雚”是猫头鹰还是鹳，都应当是大鸟，而且从两只大眼睛看应该以视力见长，由此而引申出“观”的义项。由鹳或者猫头鹰的特性出发，“观”至少有两个特点：一是从上

鹳

而下俯视，一是观察细致入微。观卦亦当有此二义，如《象传》说：“风行地上，观。先王以省方观民设教。”“省方观民”，即巡视邦国，察看民情，含有“观”的两个义项。

观卦卦爻辞如下：

观，盥而不荐，有孚颙若。

初六，童观，小人无咎，君子吝。

六二，闚观，利女贞。

六三，观我生，进退。

六四，观国之光，利用宾于王。

九五，观我生，君子无咎。

上九，观其生，君子无咎。

观，盥而不荐，有孚颙若。

“盥”和“荐”是祭祀的程序。“盥”即“灌”，以酒灌地，以使神降。“荐”是向神献牺牲。但此卦是只“灌”不“荐”。“颙若”是头大的样了。“有孚颙若”，抓来的俘虏脑袋大大的。不知是不是因为作为牺牲的俘虏头大丑陋，不适合用以献神。

初六，童观，小人无咎，君子吝。

初六爻为“童观”，用小孩子的视角看问题，如今天所说“小人之见”，所以对于小人“无咎”，对于君子则会有问题。君子看大事，看长远之事，短见往往有害。

六二，闚观，利女贞。

“闚观”犹同今天所说隔着门缝看，常被斥为妇人之见，所以对相关女子的占问有利。“闚”即“窥”。

六三，观我生，进退。

“我生”，即我之生民。观察生民的情况，决定什么人进，什么人退，即用什么人，不用什么人。

六四，观国之光，利用宾于王。

观国之风采，有利于王接待宾客。犹如今天接待外宾，宜展现本国的闪光点。

九五，观我生，君子无咎。

九五爻的“观我生”同六三，不同的是九五乃尊位，是“观我生”的最佳位置，所以“君子无咎”。

上九，观其生，君子无咎。

上九是一卦之穷尽，“观我”之事已毕，该观其他邦国。上九位极一卦之六爻，所以，有了观他国生民作为决断依据，君子可保“无咎”。

噬嗑：吃出来的悲喜剧

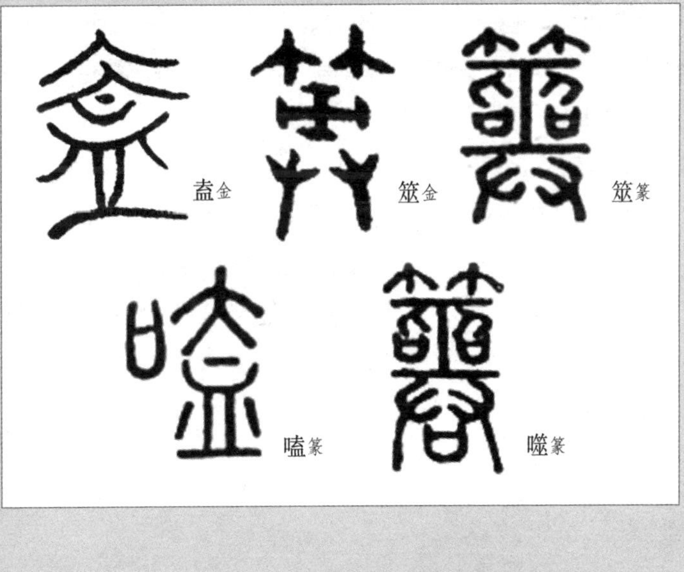

噬嗑 ䷔

噬嗑卦内卦为震，外卦为离。震为雷，离为火、为电。雷震而出电，因动而生光明，象征一种威慑力，是刑狱之卦。《象传》说："电雷，噬嗑，先王以明罚敕法。"

噬有动意。帛书"噬"径作"筮"，可见"筮"是"噬"的本字。"筮"即占筮的"筮"，筮用揲策之法，是对蓍草的一种运营，以求爻的各种变化，可用来借作运动之义。"噬"加"口"字，是口之动，象咬、吃、咀嚼等动作。

"嗑"来自"盍"。金文作"𥁕"，象器皿（盛器豆的象形）中有物，上加盖，由此生成两个基本义项：盖、合。"盍"加草字头即为"蓋"（盖），"盍"乃"蓋"的本字。而如"阖"字，则取"盍"字合的义项。"盍"加"口"字，意为口之合。

"噬嗑"连在一起，是咬合、咀嚼之意。《杂卦》说："噬嗑，食也。"即将"噬嗑"解释为吃。吃食物时，需要口部运动，上下齿相合，所以称作"噬嗑"。

噬嗑卦从卦爻辞看，当与刑狱之事有关，如"利用狱""屦校灭趾""噬肤灭鼻""何校灭耳"等。爻辞的规律性比较强，初九、上九一头一尾，最下面的初九与脚受刑有关，最上面的上九与耳受刑有关。中间四爻均与吃肉遇到麻烦有关，"肤"指鲜肉，"腊肉"当与现代的腊肉同义，"胏"是带骨肉，"干肉"即晾干的肉。

噬嗑卦卦爻辞如下：

噬嗑，亨，利用狱。

初九，屦校灭趾，无咎。

六二，噬肤灭鼻，无咎。

六三，噬腊肉遇毒，小吝，无咎。

九四，噬干胏得金矢，利艰贞，吉。

六五，噬干肉得黄金，贞厉，无咎。

上九，何校灭耳，凶。

噬嗑，亨，利用狱。

遇噬嗑卦可举行享祭，此卦占刑狱之事有利。

初九，屦校灭趾，无咎。

初九和上九都有“校”字，“校”当是一种将人禁锢起来的木制刑具。屦是拖曳的意思。“屦校灭趾”，带着刑具，砍掉脚趾。这是一种痛苦的刑罚，为什么还算是“无咎”呢？推究其意，大概是说，在非要承受身体遭到残害不可的情况下，砍掉脚趾是比较轻的刑罚了，至少可以保住性命。

六二，噬肤灭鼻，无咎。

吃鲜肉遭到被削掉鼻子的惩罚，好歹没有因此被杀，所以算作“无咎”。正常情况下，吃肉大概是贵族们的特权，地位低下的人吃了肉则犯了忌，会受到程度不同的惩罚。

六三，噬腊肉遇毒，小吝，无咎。

吃腊肉结果中了毒，出了小麻烦，但最终无性命之忧。六三吃“腊肉”，九四吃“干胏”，六五吃“干肉”，大概都是贵族的行为。但同样也是遇到了麻烦。

九四，噬干胏得金矢，利艰贞，吉。

吃晒干的带骨肉，吃出了铜箭头。遇此爻，有利于难事的占问，最终的结果是“吉”。

六五，噬干肉得黄金，贞厉，无咎。

吃晒干的肉，吃出了黄金粒子，如果吃进肚子里就麻烦了，好在吃的时候发现，所以有惊无险。

上九，何校灭耳，凶。

上九的“何”字即“荷”的本字，即负担的意思。“何校”即扛着枷锁。扛着枷锁，被削掉耳朵，可能就不太妙了。或许是命将不保的情况。

闻一多根据孙诒让《周礼正义》对《大司寇》一段文字的解读，认为噬嗑卦与断狱即打官司有关。《周礼》原文是说双方诉讼于官，要预先上交“束矢”“钧金”。官方断案后，败诉的一方“束矢”“钧金”充公，胜诉的一方则可以拿回“束矢”“钧金”。用此解读噬嗑卦，九四爻的意思是因为“噬干胏”而发生争执打官司，经过漫长的狱讼，最后拿回了“金矢”，赢了官司，所以“吉”。六五亦同，打赢了官司，拿回了“黄金”。“束”和“钧”都是量词。“束”即一把、一捆，根据物品不同，“束”亦不同，如干肉一“束”为十条，即“束脩”之数，布则一“束”为五匹，矢（即箭）是五十支为一“束”。“束矢”即五十支箭。“钧”为古制三十斤，“钧金”即三十斤铜。无论是五十支箭还是三十斤铜，都是一笔不小的财产，可见古代的诉讼费用也不低，普通百姓也会有打不起官司的烦恼。所以，《诗经·召南·行露》说：“虽速我狱，室家不足。”作诗的人感叹家中不富裕，打不起官司。

贲：装点人生

贲 ䷕

贲卦内卦为离，外卦为艮。离为火，艮为山。大概是象光自下照于山，呈现出色彩的绚丽。

“贲”或读“弼”音，或读“奔”音。前者是装饰花纹的意思，如《序卦》所说：“贲者，饰也。”后者同“奔”，奔跑的意思。

贲卦的“贲”应是装点纹饰的意思。帛书本作“蘩”，借为“繁”，即纹饰繁盛之义。“繁”字金文作“”，实为“䋣”字，后多作“繁”。由此看，“繁”“贲”同义，《经典释文》认为“贲，古班字，文章皃（貌）”。“班”即“斑”，意为各种色彩相杂。则“繁”“贲”“班”“斑”皆通，都是繁饰的意思。《彖传》解释贲卦“天文也，文明以止，人文也”，讲的也是纹理、纹饰之义。“天文”是天理之纹，“人文”是人理之纹。

贲卦各爻辞说的是求婚之事，为郑重其事，从人到场面都做了盛大装饰。

贲卦卦爻辞如下：

贲，亨，小利有攸往。

初九，贲其趾，舍车而徒。

六二，贲其须。

九三，贲如濡如，永贞吉。

六四，贲如皤如，白马翰如，匪寇，婚媾。

六五，贲于丘园，束帛戋戋，吝，终吉。

上九，白贲，无咎。

贲，亨，小利有攸往。

占问遇贲卦，可举行享祭。有所往可有小利。

初九，贲其趾，舍车而徒。

求婚者把鞋修饰得很漂亮，舍车不坐，徒步而行。《周易》中与趾有关的共有六卦，分别为噬嗑、贲、大壮、夬、鼎、艮，全部出现在初爻爻辞，不论六九，说明脚趾的意象来自最下爻的位置，与其他因素关联不大。

六二，贲其须。

六二爻修饰的是求婚者的胡须。六二是下卦离唯一的阴爻，且在中位，象柔在中，所以有胡须象。

九三，贲如濡如，永贞吉。

九三爻描写的是求婚者的整体形象，打扮得干干净净，是沐浴一新的样子。占遇此爻，有利于长久之事。

六四，贲如皤如，白马翰如，匪寇，婚媾。

六四爻描写的是求婚的队伍。人一个个收拾得多姿多彩、白白净净，马也洁白无瑕、装饰绚丽，这样一支队伍自然不是来抢掠的，一定是来求婚的。“翰”的本义是锦鸡的意思，以“翰如”形容马的样子，可以理解为装饰绚丽，也可以理解为疾驰如飞。朱熹采用的是后者。

六五，贲于丘园，束帛戋戋，吝，终吉。

六五爻描写的是求婚到达场所的景象。在小山丘建的园子装饰得很华美，拉来的一束束丝帛堆积如山。但会遇到一些小小的麻烦，尽管如此，最后问题得到了圆满解决。六五处上卦艮的中位，是艮一半的位置，即有山的一半那么高，所以是“丘”，在此位置建的园子就是“丘园”。这里的“束”应该不是量词，而是指成束的丝帛，布以五匹为束，束帛是指以五匹为单位打成捆的料子。“戋戋”有两种截然相反的解释：一种释作浅小，即表示特别少；一种释作堆积的样子，即表示特别多。从整个爻辞顺下来，后者的解释更妥当些。

上九，白贲，无咎。

上九是一卦之末，“贲”到尽头，返于白素，所以是“白贲”。“白贲”符合爻之位，所以“无咎”。

剥：在破碎声中毁灭与重生

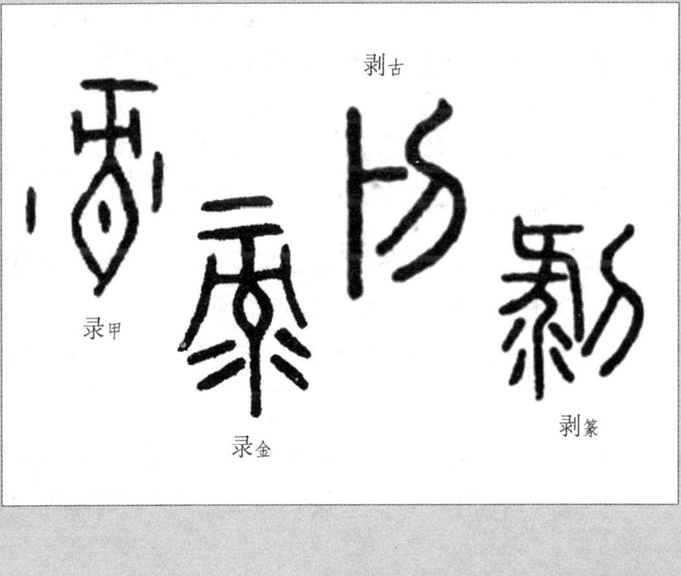

剥䷖

剥卦内卦为坤，外卦为艮。坤为地，艮为山，象山在地上。但剥卦卦名取义似乎并非来自内外卦的位置关系。剥卦是消息卦中的消卦，从纯阳之卦的乾卦初爻变起，姤、遯、否、观，进而为剥，六阳爻逐渐被阴爻取代，即将消尽，阳气被一点点剥蚀，如秋杀之象，败落之势已定。《彖传》说：“剥，剥也。柔变刚也。”解释的就是这个阳消的过程。

“剥”，《说文》说：“从刀录。录，刻也。录亦声。”作“”和“”两形。段注引《毛诗》音义：“普卜反。”可见音近“扑（撲）”。尚秉和说：“《归藏》作‘仆（僕）’，‘仆（僕）’与‘扑（撲）’通。”

“录”是“剥”“録”“禄”等字的源头。《说文》解释为刻木头的样子，其实也是刻木发出的声音，所谓“录亦声”。差不多就是“噗”“噗”这种声音。所以与“扑”通，也有敲打的意思。以“录”结字的都与刻木的本义相关，如“剥”是以刀刻刮，“録”是以金属锐物刻录，“禄”则是把福善之事刻录下来，等等。

“录”字甲骨文作“”，金文作“”，似乎象转动之器钻物的样子，不知是否是象钻木取火。作为“剥”字，其实《说文》的“”，更易理解，以刀刻出“卜”文，字亦发音为“卜”。

“剥”字主要义项为剥落、剥离、剥夺以及伤害、扑打等。《诗经·豳风·七月》：“八月剥枣。”“剥”是打落的意思。

剥卦之“剥”即同此，所以《归藏》作“仆”。

剥卦卦爻辞如下：

剥，不利有攸往。

初六，剥床以足，蔑贞凶。

六二，剥床以辨，蔑贞凶。

六三，剥之，无咎。

六四，剥床以肤，凶。

六五，贯鱼以宫人宠，无不利。

上九，硕果不食，君子得舆，小人剥庐。

剥，不利有攸往。

筮遇剥卦，对有所往不利。因剥卦为消卦之尽头，只剩下最后一根阳爻，所以所往不利。

初六，剥床以足，蔑贞凶。

初六爻和六二爻的“蔑”有两种解释：一是一种祭祀，一是通“梦”字，高亨和李镜池皆主张为“梦”字。因爻辞与床相关，或许释为“梦”更妥当一些。爻辞意为：用脚敲打床，占梦为凶。

六二，剥床以辨，蔑贞凶。

六二爻与初六爻只有一字之别，即把“足”换为“辨”。“辨”当通“蹁”，膝盖的意思。六二在初六之上，比足高，是膝盖的位置，所以，六二爻是用膝盖敲打床，同样占梦为凶。

六三，剥之，无咎。

六三爻继续敲打，但已升至内卦的最上爻，至此则无咎。

六四，剥床以肤，凶。

六四爻位置更高些，已至外卦，是用身体敲打床，占问的结果为凶。王肃注："床剥尽以及人身。"

六五，贯鱼以宫人宠，无不利。

"贯鱼"是指把鱼一条条穿起来，象征一种秩序。六五爻是说对宫人的宠幸是按照一定秩序的，所以无有不利。

上九，硕果不食，君子得舆，小人剥庐。

"硕"古同"石"，帛书即作"石"，所以"硕果"即"石果"。石果太硬，自然不能食，所以是"硕果不食"。上九是剥卦仅存的阳爻，阳为实，是硬物，结的果便是石果。遇此爻君子可以得到车，小民则遭遇茅屋被毁的命运。

复：离开是为了回来

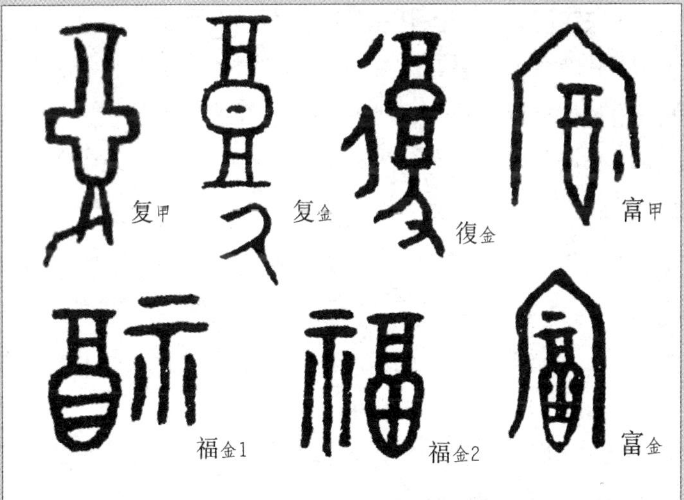

复䷗

复（復）卦内卦为震，外卦为坤。震为雷，坤为地，象雷在地中。雷潜伏于地中，逢春而出，重新开始一轮季节循环，所以为“复”。

“复”字甲骨文作“”，金文作“”。是“復”“複”“覆”的本字。金文中还有作“”形，即“復”字。从甲骨文看，下方象足趾形，与足与行走有关。上部很难看出所象何物。徐中舒认为象远古半地穴居前后有两道之形，此说难以令人信服。原因有二：第一，其形不似，尤其是甲骨文中的“”“”“”等形，与房屋的形状相去更远，“”“”更像尊、罐等容器，而“”中间部分似乎与旋转有关。第二，新石器时代遗址出土有大量的半地穴房基，但似乎没有两条门道的记录。这些半地穴式房屋门道多开在朝阳一面，有利于冬天御寒。

从甲骨文各形看，“复”字构建或许与制陶的转轮有关。新石器时代晚期，出现了快轮技术，用脚蹬的方式使轮盘快速旋转，然后在轮盘上将陶土拉坯成型。“复”字或许就取自轮盘旋转的循环往复之义。《说文》“復”“复”兼收。释“復”为“往来也”；释“复”为“行故道也”，并曰：“从夂，畐省声。”而“畐”字“读若伏”。古“畐”“畗”同，甲骨文、金文从畐者，如“福”（、）、“富”（、）等，“畗”作容器形，类“酉”。如此看，甲骨文、金文“复”的上半部与“畗”字形近、音近，是陶容器的象形，佐证“复”字象制陶中脚蹬快轮旋转拉坯。

复卦与剥卦一样，也是只有一根阳爻，但所处位置有本质的区别。复卦的阳爻位于一卦之最下，是息卦之初，处在阳气的萌动状态，象征着又一度生命轮回的开始，也是希望的开始。天道、人道都是遵循着这一规律周而复始，幻化出如此绚丽的大千世界。

所以，复卦是生命之卦、希望之卦。

复䷗	**临**䷒	**泰**䷊	**大壮**䷡	**夬**䷪	**乾**䷀
姤䷫	**遯**䷠	**否**䷋	**观**䷓	**剥**䷖	**坤**䷁

十二消息卦

复卦卦爻辞如下：

复，亨。出入无疾。朋来无咎。反复其道，七日来复。利有攸往。

初九，不远复，无祇悔，元吉。

六二，休复，吉。

六三，频复，厉，无咎。

六四，中行独复。

六五，敦复，无悔。

上六，迷复，凶。有灾眚。用行师，终有大败，以其国君凶，至于十年不克征。

复，亨。出入无疾。朋来无咎。反复其道，七日来复。利

有攸往。

遇复卦，可行享祭。有出有入为复，所以遇此卦“出入无疾”。有朋来会，“无咎”。行于路，从路上返回，七日可以往复。复卦内震外坤，震为行，坤为顺，出行而顺，所以有利于有所往。《彖传》说：“反复其道，七日来复，天行也。”古人以七为天道循环之数，以十二消息卦为例，自复卦一阳始生至姤卦一阴始生为七，自姤卦一阴始生至复卦一阳始生亦为七，如此天道循环往复。

初九，不远复，无祇悔，元吉。

走出不远即返回，没有什么悔吝之事，不惟如此，而且大吉。“祇”，多释为“大”，朱熹释为通“抵”。

六二，休复，吉。

六二爻处内卦中位，且阴爻处阴位，所以是“休复”。依木而憩为“休”，是一种惬意放松的状态，以如此惬意放松的状态返回，自然是“吉”。

六三，频复，厉，无咎。

六三爻为内卦最上爻，是一种濒临状态。“频”即“濒”，为水涯，濒于水涯是面临危险的情形，所以有“厉”。好在濒临危险后而返回，有惊无险，终究“无咎”。

六四，中行独复。

“中行”的“行”是路的意思。和他人一起外出，走到中途，自己一个人回来了。

六五，敦复，无悔。

“敦”字说法不一，《说文》说：“敦，怒也，诋也。一曰谁何也。”段注：“此字本义训责问。”并认为释敦为敦厚，是借敦为惇，非其本义。如采《说文》，则“敦复”为受人责骂而改过，所以“无悔”。

上六，迷复，凶。有灾眚。用行师，终有大败，以其国君凶，至于十年不克征。

上六为一卦之终爻，所以迷失。迷了路想往回走，其凶险可想而知。遇此爻，会有灾祸。如占行师，最终会有大败。因其国君有凶险，以至于十年中不能再有征伐。

无妄：日月昭昭，是非自在

无妄 ䷘

无妄卦内卦为震，外卦为乾。震为雷，乾为天。由于天威震下，所以不敢有妄，所以为“无妄”。

《彖传》说：“无妄，刚自外来而主于内，动而健，刚中而应。”外卦为乾，为阳为刚，所以说“刚自外来”。内卦震初九爻为阳爻，乃内卦之主，所以说“主于内”。内震为动，外乾为健，所以说“动而健”。九五阳爻对应六二阴爻，阳在阳位，阴在阴位，阴阳相应，所以说“刚中而应”。上下位当，君臣相应，一切有序而正，妄邪无以存，是“无妄”之象。

“无”有两种写法，一为“无”，一为“無”。《周易》中的“无”均写作“无”。《说文》说：“无，奇字，無也。虚无道也。王育说：天屈西北为无。”段注以为六经中“惟《易》用此字”。因未做统计，不知是否如段注所说，其余各经均用“無”。

《说文》释“無”为“丰也”，《尔雅·释诂》释“橆”为“丰也”，则《说文》是释“無”为“橆”之古字。《说文》“無”作“[illegible]”形，可隶作“橆”。

甲骨文“無”字作“[illegible]”，本义为“舞”，是来源于祈祷降雨时跳的雩舞。象一个正面的人双手各执一根牦牛尾起舞。后来借为“無”，“無”“舞”同源。金文“無”字作“[illegible]”，牛尾之象已不明朗，所以《说文》把所执之物的下半部分误为“林”字，并说：“林者，木之多也。”以释“無”的丰茂之义。

从甲骨文和金文字形看，“無”字是隶定之字，“无”则为其简化之形。甲骨文“无”的义项用“亡”字，先秦文献中亦常用，在用此义项时亦读作“无”，意为没有。

“妄”字金文作“[illegible]”。《说文》释“妄”为“乱”。实际上“妄”字概括起来主要有两个义项：一、虚妄不实；二、妄诞胡乱。

无妄卦的“妄”，帛书作“孟”，不知作何解，《周易尚氏学》引《释文》说：“马、郑、王肃皆作望。”“无妄”就成了“无望”，无妄卦就成了没有希望之卦。

卦爻辞中的“无妄”究竟作何解？其实《周易》本身自有答案。卦辞中说：“其匪正有眚。”“匪正”就是“妄”，即非正常、非正当就是“妄”。“无妄”即非非正常、非非正当。所有不假思索、不计后果、随意任性甚至邪恶不正当的念头和言行都可以归类为“妄”。

无妄卦卦爻辞如下：

无妄，元亨利贞。其匪正有眚，不利有攸往。

初九，无妄往，吉。

六二，不耕获，不菑畲，则利有攸往。

六三，无妄之灾，或系之牛，行人之得，邑人之灾。

九四，可贞，无咎。

九五，无妄之疾，勿药有喜。

上九，无妄行，有眚，无攸利。

无妄，元亨利贞。其匪正有眚，不利有攸往。

遇无妄卦，可举行盛大的享祭，占问则有利。如果行为不正则会有灾难。如有所往则不利。

初九，无妄往，吉。

不是在非正常、非正当的情况下出行，结果为“吉”。

六二，不耕获，不菑畬，则利有攸往。

不耕耘不收获，不垦荒不治田，则有利于有所往。意思是说想出外获利，就必须放弃稼穑之事，不要妄想二者兼得。既放不下农活，又想外出赚钱，到头来将一无所获。菑，开垦荒地。畬，经营熟地。

六三，无妄之灾，或系之牛，行人之得，邑人之灾。

不是因为有非正常、非正当的言行而招致的灾祸，比如有人把牛拴在一个地方，结果牛逃脱了，被路人牵走，这件事对于路人来说是捡了便宜，对于丢牛的当地住户来说则是灾祸。

九四，可贞，无咎。

占问遇此爻则可，没有问题。

九五，无妄之疾，勿药有喜。

不是因为有非正常、非正当的行为而导致的疾病，不必用药就会痊愈。

上九，无妄行，有眚，无攸利。

上九爻爻辞与卦辞中“其匪正有眚，不利有攸往”表达的意思相近，告诫占问者，不要妄行，妄行则会有灾眚，行无所利。“无”可读作“毋”，不要的意思。

>>>

大畜：

满载于途

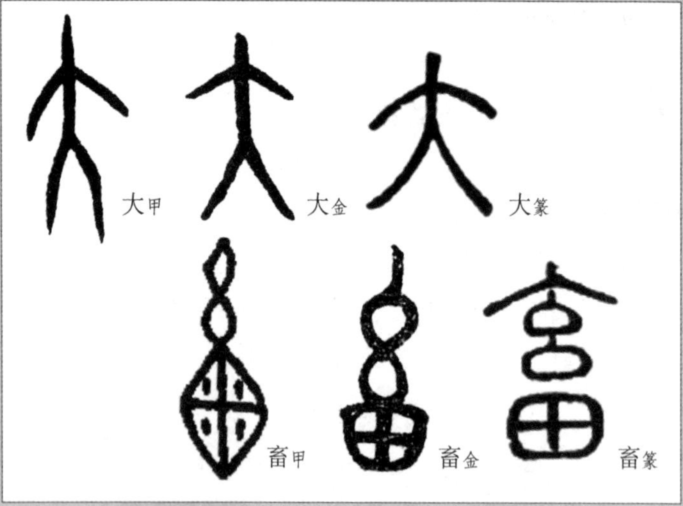

大畜 ䷙

大畜卦内卦为乾，外卦为艮。乾为天艮为山。《象传》说："天在山中，大畜。"集解引向秀说："止莫若山，大莫若天，天在山中，大畜之象。天为大器，山则极止，能止大器，故名大畜也。"大畜卦象天在山内，天为大器，能将大器积蓄于山中，所以是"大畜"。

《周易》中以"大"名之者共四卦，即大有、大壮、大畜、大过，其中畜、过均为两卦，以大小别之，分别为大畜、小畜和大过、小过。"大"字和"畜"字分别在大有卦和小畜卦中有过解释，可参见。

如前文所述，小畜卦应与出行所用畜力有关，即小畜卦和牛、马等牲畜有关。从卦爻辞看，大畜也是如此，如"利涉大川""舆说輹""良马逐""童牛之牿""何天之衢"等，均与牲畜和出行有关。

大畜卦卦爻辞如下：

大畜，利贞。不家食吉。利涉大川。

初九，有厉，利已。

九二，舆说輹。

九三，良马逐，利艰贞。曰闲舆卫，利有攸往。

六四，童牛之牿，元吉。

六五，豶豕之牙，吉。

上九，何天之衢，亨。

大畜，利贞。不家食吉。利涉大川。

遇大畜卦，占问有利。不在家中吃饭，早一点赶路，如此则吉。遇此卦，有利于渡大河。

初九，有厉，利已。

有麻烦，但对祭祀有利。“已”或作“己”，或作“巳”。三字形近，常难区分。读“已”，释为停止。读“己”，释为自己。读“巳”则通“祀”，释为祭祀。在获得更多证据之前，权读作“巳”。

九二，舆说輹。

九二爻“舆说輹”同小畜卦九三爻“舆说辐”。“輹”即“辐”，车的辐条。车的辐条断了，车坏在路上。小畜卦九三爻中曾引起“夫妻反目”。

九三，良马逐，利艰贞。曰闲舆卫，利有攸往。

良马追逐，有利于占问艰难之事。只要保护好车马，有利于有所往。乾为马，大畜内卦为乾，所以有马象。“闲”，《说文》释作“阑”，帛书径作“阑”，是竖起栅栏保护起来的意思。

六四，童牛之牿，元吉。

把小牛圈在牛圈养育，等长大以后再使用，如此则大吉。“牿”字自虞翻起释作加在牛角上的横木，后人多从此说，实际上此释舍近求远，曲解原意。“牿”，《说文》说：“牛马牢也。”即养育牛马的圈厩。帛书“牿”作“鞫”，实为“鞠”，养育之义。“童牛之牿”的意思是，没长大的小牛先不用作畜力，而是养在圈中，等长大后再用。

六五，豮豕之牙，吉。

六五爻的“豮豕”一般释为阉割的猪。在此“豮”应取“墳”义，“豮豕”即大猪。“豮豕之牙”是远古时期财富的象征，或者是猪的獠牙，或者是猪连带牙齿的下颚骨。新石器时代常用来随葬，如大汶口文化胶县三里河遗址一座墓中随葬猪下颚骨多达三十多个。六五爻的“豮豕之牙”说的是车上装载有猪牙，此乃获利之象，所以“吉”。

大汶口文化猪形盉

上九，何天之衢，亨。

“何”即“荷”的本字，在此意为装载。“天之衢”，形容“衢”之大。满载货物于大路上，可作享祭。

颐：唇齿之间的那些事

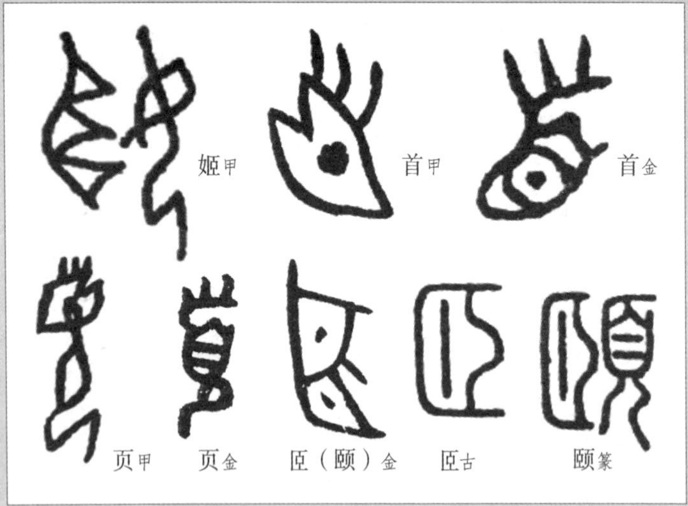

颐 ䷚

颐卦内卦为震，外卦为艮。震为雷，艮为山，《象传》说：“山下有雷，颐。”雷出春季，是天地养万物之季节，颐卦的“颐”乃颐养之义。

“颐”字本于“𦣝”。“𦣝”，甲骨文用于偏旁，如“姬”字的一半，作“𦣝”，而金文作“𦣝”。《说文》释“𦣝”为“顄”，即下颌。而以“𦣝”为古文，以“頤”为篆文。甲骨文象带齿的下颌骨，金文象下颌。所以“𦣝”即“颐”本义，与口齿有关。在自然界，植物以水、阳光、土壤为养，而动物则主要以摄入食物为养，人亦然，靠食用食物为生。颐为口齿，口齿用以摄入、咀嚼食物，人因食而得以养，所以，颐引申为养。

颐卦的卦象外层为阳爻，类上下唇，内里为阴爻，类齿，形同口唇之间有牙齿，几乎是“颐”字的象形。

颐的本义为下颌，但后来多用来指代两颊，即俗语所说的“腮帮子”。卦爻辞中，如“观颐”“颠颐”“拂颐”等，指的就是脸腮。

概括上文，颐为下颌，为口齿，为脸腮，为食用食物，进而为颐养。

颐卦卦爻辞如下：

颐，贞吉。观颐，自求口实。

初九，舍尔灵龟，观我朵颐，凶。

六二，颠颐，拂经于丘颐，征凶。

六三，拂颐，贞凶，十年勿用，无攸利。

六四，颠颐，吉。虎视眈眈，其欲逐逐，无咎。

六五，拂经，居贞吉，不可涉大川。

上九，由颐，厉，吉。利涉大川。

颐，贞吉。观颐，自求口实。

遇颐卦，占问得吉。看别人嘴里吃东西，不如自己想办法获取自己的食物。

初九，舍尔灵龟，观我朵颐，凶。

如果放着你的灵龟不吃，总是看我嘴动，不会有什么好结果，所以“凶”。“朵颐”，因为吃东西而鼓起腮的样子。

六二，颠颐，拂经于丘颐，征凶。

六二爻的“颠颐”为“凶”，而六四爻的“颠颐”却为“吉”。或许是因为六二不该“颠颐”而“颠颐”，所以遭遇不幸。高亨认为：“颠”借为“填”，“颠颐”即将食物填到嘴里。“拂”为击打，“经”借为“胫”，“拂经”即击打胫骨。“丘颐”意为山丘之坡。意思是说，有人因为吃了不该吃的东西，在丘坡上被人打伤了腿，腿伤了，出远门则“凶”。

六三，拂颐，贞凶，十年勿用，无攸利。

六三爻是被人打了耳光子，所以占问为凶。而且问题很严重，十年不能有所作为，做事总是不会有好结果。

六四，颠颐，吉。虎视眈眈，其欲逐逐，无咎。

六四爻的“颠颐”，或许是吃分内的食物，所以为“吉”。但你在吃，有人在看，虎视眈眈地看，随时要来抢的样子，好在本是分内的，到底不会有什么不良结果。

六五，拂经，居贞吉，不可涉大川。

这一次还是被打伤了腿，所以适宜在家中好好待着，不可以出门做渡大河之类的事。

上九，由颐，厉，吉。利涉大川。

“由”字甲骨文作“”，有舌吐口外之象。“由颐”或许是说将吃到口中的食物吐出来。吃进来的食物可能不宜食用，会给人带来伤害，为“厉”，好在及时吐出来，所以结果为“吉”。遇此爻，有利于渡大河。

大过：适可而止的智慧

大过 ䷛

大过卦内卦为巽，外卦为兑。巽为木，兑为泽，象木陷泽中，如《象传》所说："泽灭木，大过。"木可以理解为木舟，舟陷沼泽之中，是大难之象，所以名为"大过"。

"过"，可以概括为三重义项：一、过往，经过；二、过度，过分；三、过失，罪过。

《说文》说："过，度也。"度初为丈量的意思，由丈量引申为度过。"过"所具"度"的义项，走的应该是同一条路，即由初始的丈量义引申出度过义。。

"过"字金文作""，左侧"彳"代表路，也有金文省略"彳"字偏旁，直接写作""；右侧下方为"止"，为足趾形，意为行走；右侧上方的""，也见于甲骨文，写作""""等形，于省吾隶为"冎"。《说文》释"冎"为"剔人肉置其骨也"，即"剐"字。并根据篆形，认为是"象形，头隆骨也"。但从甲骨文看，如果"冎"为剔后的骨，那么应当是肢骨之形。从金文看，如"過""骨"等字，都有""作为部件，可见隶作"冎"字是正确的。

问题是""形究竟所象何物？如果是象人骨，那么当指肢骨。而从《说文》对"过"的解释看，应该与丈量有关。甲骨文和金文的""字，从形状上看很像丈量用的折尺。如果折尺的灵感来自连接着的肢骨，则二者并无矛盾。

回过头再看成形的金文"过"字，三部分构件组合在一起，意为一路走一路丈量，由此生发"度"的义项。再由"度"

衍生到度过、经过，乃至过度、过分。过度、过分的“过”，与“不及”相对，如“过犹不及”。与“不及”相对的“过”会生成祸患，成为过失甚至罪过。

大过卦所取之义即为过失或罪过。而且不是普通的过，是“大过”，如《彖传》说：“大过，大者过也。”在大的方面有过错。

大到什么程度？卦辞说：“栋桡。”房屋的栋梁都弯曲了，所以面临的是塌天大祸。《彖传》释“栋桡”为“本末弱也”，此意来自卦形，最外面的上下两爻均为阴爻，为弱为软，“本末”两头都弱，这样的栋梁无法摆脱变形的结局。

大过卦卦爻辞如下：

大过，栋桡，利有攸往。亨。

初六，藉用白茅，无咎。

九二，枯杨生稊，老夫得其女妻，无不利。

九三，栋桡，凶。

九四，栋隆，吉。有它，吝。

九五，枯杨生华，老妇得其士夫，无咎无誉。

上六，过涉灭顶，凶，无咎。

大过，栋桡，利有攸往。亨。

大过卦有房梁弯曲之象，不宜居住，故有利于外出。遇此卦，可举行享祭。

初六，藉用白茅，无咎。

用白茅作垫子，不会有麻烦。“藉”，祭祀用的垫子。初六为一卦之底爻，作为阴爻又有柔弱之象，所以是柔软的白茅垫子。

九二，枯杨生稊，老夫得其女妻，无不利。

九二是老夫得娶少妻，犹如枯死的杨树重新冒出了嫩芽，没有什么不利的。

九三，栋桡，凶。

九三爻说的还是房梁弯曲之事，此为凶兆。

九四，栋隆，吉。有它，吝。

九四爻则为栋梁高起，房屋因梁高而敞大，所以是吉象。但如果有意外之事发生，则有麻烦。

九五，枯杨生华，老妇得其士夫，无咎无誉。

二五为应，九二是老夫得娶少妻，九五则为老妇得嫁壮男。这种事说不上是毁是誉。

上六，过涉灭顶，凶，无咎。

上六为一卦之末，总结全卦，其象为舟陷泽中，遭遇灭顶之灾，自然是凶象。这里的“无咎”可解释为无可追究。已经遭遇不幸，责怪也无济于事。

坎：

上善若水

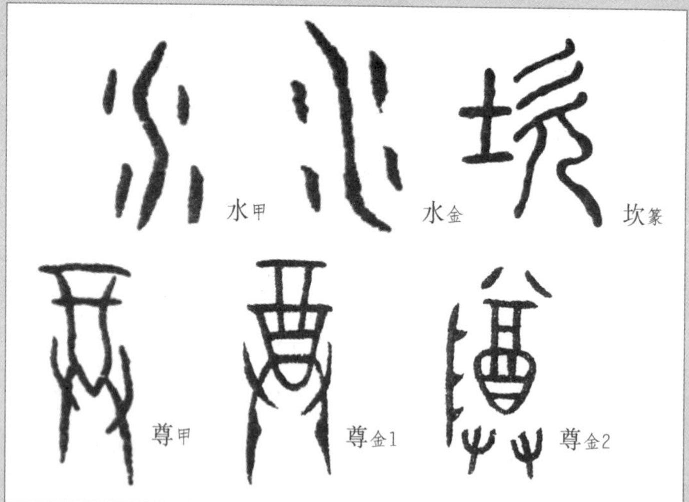

坎 ☵

坎卦为八经卦之一，内外皆为坎。坎为水。坎卦卦象☵，内阳而外阴，象水形。

甲骨文、金文“水”均作“𡿨”，内实而外虚，如将“𡿨”字放躺，即坎卦卦形☵。所以，坎卦卦象就是“水”字。坎卦即为水卦。

《老子》说：“上善若水。”

那么水到底善在哪里？归纳起来，大约有二：

一是似柔而刚。作为水卦的☵，却是阳卦，而且阳爻深藏在内，外示以柔，而内实以刚。水有至柔之性，亦有至坚之性，以水滴石，久可穿石。如以金刚砂治玉，须辅以水才可切割、雕琢至硬之玉。水如聚成洪流，几乎可以摧毁一切。但风平浪静的时候，水会给人一种极为安宁的感觉。

上善若水

二是无所不能却甘于就下。水虽有巨大的能量，却不居高。总是寻找最低下之处栖身。如俗语所说：“水往低处流。”水有顺性，总是由高到低，顺势而流。大禹治水的成功，就是把握水的特性而顺势利导。

坎卦之名坎，即取水就下之性。坎即坑，坑低于平地，所以水流此而聚。

《系辞》说：“断木为杵，掘地为臼。”舂米之臼最初是掘地而成。臼因掘地而成，陷于平地，所以有臽之义；臽在土中，所以为埳；“埳”与“坎”通，所以，坎为掘地而成的坑。

在坎卦中，坎多指掘地为牢的牢，是牢狱之象。

坎卦卦爻辞如下：

习坎，有孚维心。亨，行有尚。

初六，习坎，入于坎，窞，凶。

九二，坎有险，求小得。

六三，来之坎，坎险且枕。入于坎，窞，勿用。

六四，樽酒簋，贰用缶，纳约自牖，终无咎。

九五，坎不盈，祗既平，无咎。

上六，系用徽纆，寘于丛棘，三岁不得，凶。

习坎，有孚维心。亨，行有尚。

“习”，在此为重叠之义。“孚”为“俘”。“维”即用绳子捆绑。“心”恐为“止”之讹。“尚”即“赏”。坎卦内外皆为坎，所以是“坎”的重叠。牢中有抓获的俘虏，用绳子绑好。可行享祭，出行将会有赏。

初六，习坎，入于坎，窞，凶。

坑中有坑，牢坑深，陷在其中，难以脱身，是凶象。“窞”即“陷”。

九二，坎有险，求小得。

九二爻处于内卦中位，有不偏之德。所以虽然身陷囹圄，处境危险，但如有小的要求，则会得到满足。

六三，来之坎，坎险且枕。入于坎，窞，勿用。

来而陷于坑中，坑又险又深。因进入坑中，陷于险地，所以遇此爻，不可采用。“枕”，借为“沈”，在此是深的意思。

六四，樽酒簋，贰用缶，纳约自牖，终无咎。

簋为食器，“酒簋”指有酒有食。“樽”同“尊”。“尊”，甲骨文作“□”，金文作“□”，均为双方奉酒进献之形。“樽酒簋”，即奉酒奉食。“缶”为陶器。“贰用缶”，盛酒盛食都用陶器。“牖”是牢狱的小窗户。“约”，高亨认为“读为擢”，“擢”即取的意思。“纳约自牖”，从小窗户中纳取酒食。爻辞意为：有酒有饭，都用陶质器皿，从牢狱的小窗户中递进去。尽管有此牢狱之灾，但最终没有大碍。有人认为，这是当年周文王被困羑里（即牖里）之事。

铜簋图

九五，坎不盈，祇

既平，无咎。

九五爻处尊位，有中正之德，虽然为险卦，但不会有问题。“祇”，《释文》引郑玄注，以“祇”为“坻”，释为“小丘”。爻辞意为：坑不满，推小丘之土填平，坎坷不再，所以“无咎”。

上六，系用徽纆，寘于丛棘，三岁不得，凶。

“徽纆”都是指绳子，三股绳为徽，两股绳为纆。“寘”同“置”。“丛棘”是布于牢狱周围的荆棘，以防罪人逃跑。爻辞意为：用绳子五花大绑，囚在荆棘丛中，多年不得逃脱，所以是凶象。

>>>

离（離）：霓虹之光丽于天

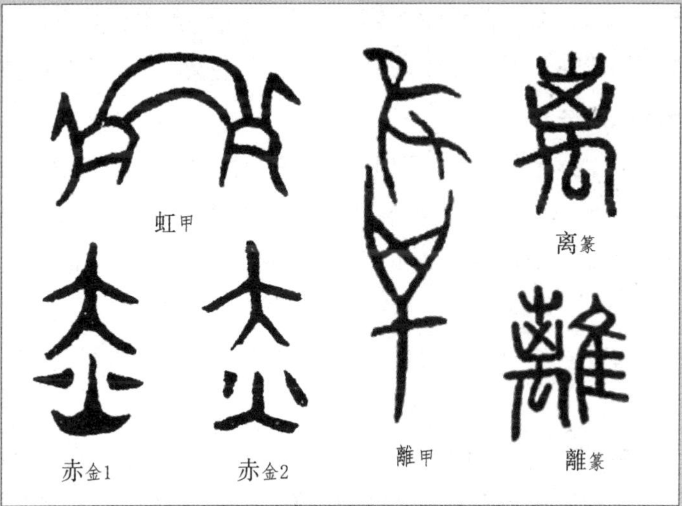

离（離）☲

离卦为八经卦之一。内外皆离。离为火，象上下皆为火。《象传》说：“离，丽也。日月丽乎天，百谷草木丽乎土。”释“离”为“丽”，附丽的意思。火不能独存，必是有物燃烧而成火，所以有附丽之性。没有天则日月无以悬，没有土地则百谷草木无以植根，所以必须有所附丽之物才可以附丽。

离卦☲外实中虚，描摹的是火象。“火”字甲骨文作“”，是火苗的样子，即为外实而中虚。金文作“”，中虚的部分被压缩，或者简化为“”，与今天的“火”字已无异。离卦☲卦象或直接来自“火”字。

爻辞中的“离”以往多亦解为“附丽”之义，但似有不妥。

《说文》中的“离”字兼收“离”“離”二字。

“離”字甲骨文作“”，下面是捕鸟的网，上面是一只被捕住的鸟。所以兼有“羅”和“罹”的义项。象鸟被网罗住，罹遭被抓住的不幸。

而“离”暂时在甲骨文和金文中找不到对应的字，在《说文》中篆字写作“”。上半部分《说文》认为象禽头，而下半部分与“萬”“禹”等字的下半部分相同。《说文》释“禸”为“兽足蹂地”，而实际上“萬”“禹”等字的下半部分是虫形的尾部。所以“离”当是“螭”的本字。《说文》释“螭”字为“若龙而黄”，是一种像龙一样的动物。

类似龙、螭这样的动物，多半是古人想象出来的，而想象的依据往往来自于某种特殊的天象。高亨认为属“虹之类”，并认为“离”字“音转而谓之霓”，极为确当。

“虹”字甲骨文作“”，象一条两头龙俯首吸水。于省吾释为“虹”，郭沫若释为“霓”。虹双出时明者为雄暗者为雌，雄者叫作“虹”，雌者叫作“霓”。虹的色彩是从上而下为赤、橙、黄、绿、青、蓝、紫，而霓则正好相反，是从紫到红。

虹霓图

“霓”即“离”出现于天空，在远古时也不是常见的现象。对于类似的特殊天象，如日食、月食等出现的时候，古人可能会有一定的仪式，以祈求避灾。从离卦九三爻看，在傍晚时节如有霓虹同现，则要“鼓缶而歌”。可惜的是九三爻中的人们“不鼓缶而歌”，结果让族中的老人悲叹不已，预感到将有大难临头了。

离卦卦爻辞如下：

离，利贞。亨，畜牝牛，吉。

初九，履错然，敬之无咎。

六二，黄离，元吉。

九三，日昃之离，不鼓缶而歌，则大耋之嗟，凶。

九四，突如其来如，焚如，死如，弃如。

六五，出涕沱若，戚嗟若，吉。

上九，王用出征，有嘉折首，获匪其丑，无咎。

离，利贞。亨。畜牝牛，吉。

遇离卦，有利于占问之事。可举行享祭。畜养母牛，会有好报。“牝牛”即母牛。

初九，履错然，敬之无咎。

初九在底，所以象履。“错”是一种古老的工艺，例如将金银条嵌入器物表层，然后打磨抛光，所加工之物光泽耀目，显得很华贵。能穿金光闪闪错金鞋子的人自然是贵族，处在下位的人只要对他恭敬，就不会有问题。

六二，黄离，元吉。

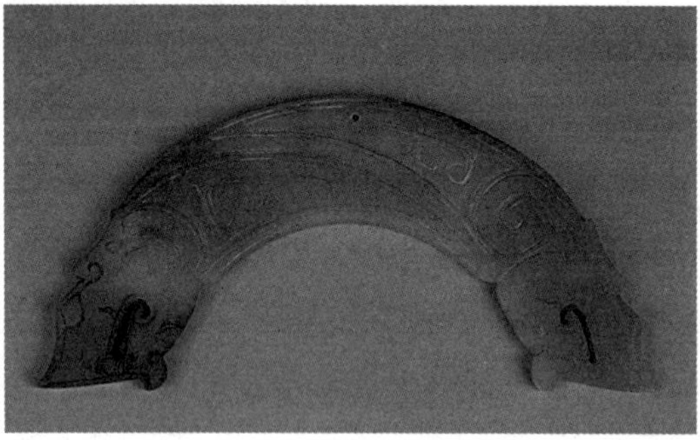

玉璜

六二是内卦中位，是坤的正位，即阴爻之正位。坤为地、为土，色为黄，所以，出现的霓以黄为主色，兆示大吉。“螭”字为“若龙而黄”，所以，黄是“螭”的本色。作为礼器的璜，之所以称作“璜”，应该源于“螭”为黄色。璜的形状为半璧，即将璧从中分割，就可以得到两个璜。半璧的形状即为虹霓的形状，也就是“螭”的形状。

九三，日昃之离，不鼓缶而歌，则大耋之嗟，凶。

太阳偏西之时出现虹霓，族人在一起只是唱歌祈禳，却没有按照惯例击缶，族中的老人悲叹，预感到要有大难来临。“耋”是老年人的意思。“嗟”即嗟叹。

九四，突如其来如，焚如，死如，弃如。

九四进入外卦。果然如族中老人所料，厄运来临。有外族人发动突然袭击，冲进部落，放火，杀人，一片狼藉。

六五，出涕沱若，戚嗟若，吉。

族中遭此劫难，有人哭得涕泗滂沱，有人悲悲戚戚地长吁短叹。可是，六五为外卦中位，是尊位、吉位。哭的哭，叹的叹，哪里来的吉呢？原来族中的人接受了这次惨痛的教训，从此以后加强防范，再也不给敌人以可乘之机，所以转凶为吉。

上九，王用出征，有嘉折首，获匪其丑，无咎。

这一次是由王亲自出征，报复外族，有大的收获，折杀敌首，此次大胜无以伦比，没有什么问题。“丑（醜）”，帛书作“𢦏”，通“俦”，而“醜”亦为类的意思，“醜”“俦”音义皆同。“获匪其丑”，即所获无以比肩。

咸：少男少女的秘密幽会

咸䷞

咸卦内卦为艮，外卦为兑。艮为山，兑为泽，山本高高在上，泽本低陷于下，而泽上山下，象山泽相交。《彖传》说：“咸，感也。”山泽交感，所以卦名为咸。

艮为阳卦，一阳在上，处在末位，所以为少男。兑为阴卦，一阴在上，处在末位，所以为少女。少男与少女为最匹配的感应，从生育年龄来说，也是最佳状态的感应。所以，《易传》把咸卦作为下经之首。上经乾始说天道，下经咸始说人道。《序卦》说：“有天地然后有万物，有万物然后有男女，有男女然后有夫妇，有夫妇然后有父子，有父子然后有君臣，有君臣然后有上下。”人类有男女结合为夫妇，才有了父子、君臣等社会关系，才有了人类社会，所以，古人把男女交感之事看得比天大。

《周易》相交之卦有泰、有既济、有咸。天本居上，地本居下，泰卦为天在下、地在上，象天地相交；火本炎上，水本流下，既济卦为火在下、水在上，象水火相交；男阳为上，女阴为下，咸卦为男在下、女在上，而以内外卦论，则男在女内，象男女交合状。

咸卦的交感还不止内外两卦之间，初爻阴对四爻阳，二爻阴对五爻阳，三爻阳对上爻阴，竟一一相应不爽。所以为感。

“咸”字甲骨文作“”，下面的“”也有作“”形，前者为“口”，后者为“丁”，不知“咸”的成字究竟与“口”有关，还是与“丁”有关，反正包括金文在内，此后的“咸”

字“戌”下的构件都作“口”。“”为“戌”字，象兵斧形，既有“口”又有兵器，可能与军队号令有关，所以有众义，《说文》说：“咸，皆也，悉也。”许多人以口相联系，所以“咸”有感应之义，为“感”的本字，如《彖传》即释“咸”为“感”。

感不仅在人与人之间，也可以在人与天之间，即古人认为的天人感应。传说远古时期的巫咸是巫的鼻祖，也是筮法的发明者，所以称作“巫咸”，巫咸即是以“巫”的方式来与天相感应。甲骨文“巫”字作“”，象巫舞时手中旋转的法器。旋转法器作巫之舞，以求与天感应，就是“巫咸”。

韵书释“感”为“动也”“触也”，人在被“动”被“触”的时候自然有所感应。

《诗经·召南·野有死麕》有一段少男少女因邂逅而相亲相爱的描写：“野有死麕，白茅包之。有女怀春，吉士诱之。……舒而脱脱兮，无感我帨兮，无使尨也吠。”简直就是咸卦的写照。“帨”是少女挡在胸腹前的佩巾，差不多就是现在的肚兜。如“脱”“说（悦）”“帨”等字，都源自于“兑”，“兑”即“帨”，“帨”覆盖在少女胸前，显示少女的魅力，是少女的象征，所以少女之卦名为“兑”。“无感我帨”，是少女对少年说，“别碰了我的肚兜”，羞涩之态跃然纸上。

而咸卦中的少男则没有顾忌少女的嗔怪，自下而上，一一触碰，演绎了一场热恋。

咸卦卦爻辞如下：

咸，亨。利贞。取女吉。

初六，咸其拇。

六二，咸起腓，凶，居吉。

九三，咸其股，执其随，往吝。

九四，贞吉，悔亡。憧憧往来，朋从尔思。

九五，咸其脢，无悔。

上六，咸其辅颊舌。

咸，亨。利贞。取女吉。

遇咸卦，可行享祭。利于占问之事。因咸为少男少女感应之卦，所以娶女吉。

初六，咸其拇。

初六在下，所以先从脚的拇指开始触摸，以表示钦慕之情。咸卦之“咸”，《归藏》作“钦”，帛书亦作“钦”，尚秉和认为是钦慕之意，“咸”即“感”，亦即触摸的意思，是因生钦慕之情而情不自禁地表达。

六二，咸起腓，凶，居吉。

六二上升到触摸腿肚子。但筮遇此爻为凶，居则为吉。

九三，咸其股，执其随，往吝。

九三到达下半身的最上面，即大腿。触碰对方的大腿部，拉着对方跟随自己，但实际上被拉的对方不知是否情愿，所以，就这么拉着走可能会有困窘。

九四，贞吉，悔亡。憧憧往来，朋从尔思。

九四爻进入兑卦。“兑”者，“悦”也。双方陷入愉悦之情，所以占问之事为吉，悔吝之事消失。情绪越来越热烈，好多的同龄人在一起，来来往往，欢聚在周围。

九五，咸其脢，无悔。

“脢”，郑玄注：“脊肉也。”而《周易正义》说：“脢者，心之上，口之下。”所在位置在后为脊，在前则为胸。触摸的位置已经到胸、背，说明对方并不拒绝，所以，不会有悔吝之事发生。

上六，咸其辅颊舌。

所感位置上升到最上部，即脸颊，甚至到最敏感的舌。舌与舌的触碰是一种最亲密的行为，说明彼此的接受，一段恋情就此可以确认了。“辅颊”即脸颊。

恒（恆）：此情不泯，犹如日月

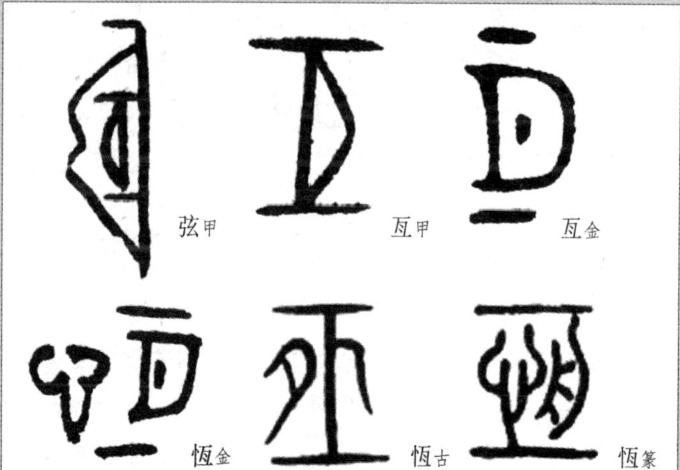

恒（恆）䷟

恒卦内卦为巽，外卦为震。巽为木、为风，震为动。恒卦何以得名？《彖传》说：“恒，久也。刚上而柔下，雷风相与，巽而动，刚柔皆应，恒。”“巽”通“逊”，以谦逊的姿态而动，所做之事则可以恒久。“刚柔皆应”既指卦应，又指爻应。内卦巽为长女，外卦震为长男，长男长女本象稳重，且男在外、女在内，所以是长久之象。此为卦应。再从恒卦各爻看，初六阴应九四阳，九二阳应六五阴，九三阳应上六阴，阴阳一一相应，可以保持一种长期的阴阳动态平衡，所以长久。

“恒”字旧作“恆”。其实“亘”“亙”并非一字。“亘”乃“洹”“宣”等字所从，中间的“日”和意为太阳的“日”没有任何关系，是“（回）”的隶定。如甲骨文“洹”作“”。而“亙”和“恆”同义，是恒久的意思。

“恆”，《说文》篆文作“”，上下两横当象天地，而天地间有“心”与“舟”，心以舟载而得远行。《说文》古文作“”，从这里才能看出“恒”（或“亙”）的来源。《说文》谓“从月，《诗》曰‘如月之恆’”。

上溯至金文，“恆”作“”，乃有“心”之“恆”；亦作“”，即“亙”，当是“恆”之本字。而甲骨文作“”，天地之间有一弯弦月，有作上弦月，有作下弦月，月为永恒之物，所以为“恆”。而“如月之恆”中的“恆”古释作“弦也”，读作“亙”，即弦月的“弦”。“弦”字甲骨文又作“”，直接加上了“弓”。

由此可以看出，“亙（恆）”本从月，和月亮有关，后来由于形近，“月”讹为“舟”，变成了“亙”。

卦爻辞中的“恆”，与《易传》一致，是恒久的意思。

恒卦的卦爻辞如下：

恒，亨，无咎。利贞。利有攸往。

初六，浚恒，贞凶，无攸利。

九二，悔亡。

九三，不恒其德，或承之羞，贞吝。

九四，田无禽。

六五，恒其德，贞，妇人吉，夫子凶。

上六，振恒，凶。

恒，亨，无咎。利贞。利有攸往。

遇恒卦可行享祭，没有问题。有利于占问之事。有利于有所往。

初六，浚恒，贞凶，无攸利。

“浚”是疏通、挖掘的意思。如果是没完没了地挖，就会有麻烦，所以占问之事为凶，没有好处。

九二，悔亡。

九二爻在内卦中位，久处中道，悔吝之事就没有了。

九三，不恒其德，或承之羞，贞吝。

如果不能坚持守德，就会蒙受羞耻，占问之事会有麻烦。

九四，田无禽。

九四爻在外卦下位，偏于一方而不能守中道，久偏于一方，田猎不会有所收获。

六五，恒其德，贞，妇人吉，夫子凶。

能坚持守德，占问的结果是女人吉，男人凶。六五虽为尊位中位，但是阴爻处阳位，对阴利而对阳不利，所以“妇人吉，夫子凶”，夫妻双方吉凶不同。

上六，振恒，凶。

上六爻恒卦将尽，振动不停，就不会有好结果。

遯：小猪的故事

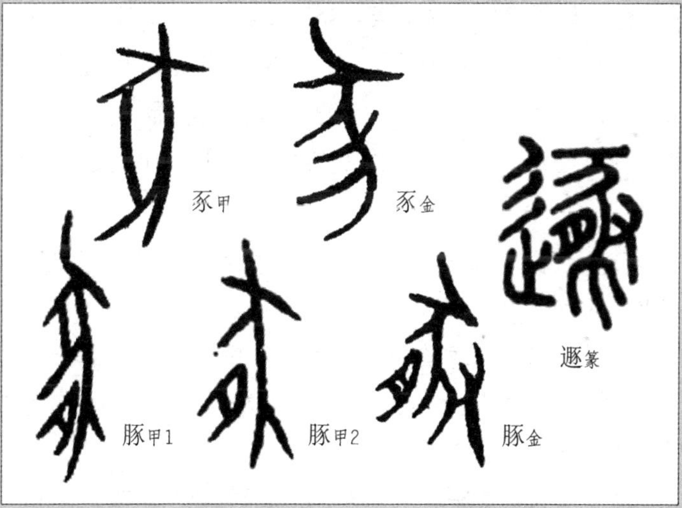

遯䷠

遯卦内卦为艮，外卦为乾。艮为山，乾为天，卦象为天下有山。《杂卦》说：“遯则退也。”则遯卦为退隐之卦。内卦中位为阴爻，象小人处于朝。外卦乾为君子，君子在朝外，是君子避小人而隐遁之象。

但帛书“遯”作“掾”，战国楚竹书作“”，隶作“腞”，均不从“辵”。

“遯”字由“辵”“月（肉）”“豕”构成。

“豕”字甲骨文作“”，金文作“”。是猪的象形，甲骨文更为象形，而金文已接近今字。“豕”加“月（肉）”，组成“豚”，是肉豕之意，即小猪的意思。甲骨文作“”，从“豕”从“肉”。金文作“”，多一“又”的部件，“又”为手形，所以含有以手缚住小猪之意。

帛书“掾”，右为“彖”，“彖”的上半部“彑”，是猪头的意思，“豕”至金文，头部特征已不明显，加“彑”后，表示完整猪形。“扌”应该变自金文“”的“又”，所以，帛书“掾”通“豚”。

竹书“”上部的两笔，应来自金文“”的上部，其实“腞”就是“豚”字。

“掾”“腞”二字均不从“辵”，说明遯卦之“遯”初为“豚”字。按金文义，是以手缚住的小猪，但如果一松手，小猪就跑了，就成了“遯”。

从遯卦的卦爻辞看，“遯”亦应为“豚”的意思。如：“遯尾”就是小猪的尾巴；“执之用黄牛之革”，说的是用黄牛皮做的绳子牵住小猪；“系遯”就是拴住小猪；“好遯”就是品相好的小猪；“嘉遯”也是漂亮的小猪；“肥遯”就是小肥猪。

遯卦卦爻辞如下：

遯，亨。小利贞。

初六，遯尾，厉，勿用有攸往。

六二，执之用黄牛之革，莫之胜说。

九三，系遯，有疾厉，畜臣妾吉。

九四，好遯，君子吉，小人否。

九五，嘉遯，贞吉。

上九，肥遯，无不利。

遯，亨。小利贞。

遇遯卦，可行享祭。占问小事有利。

初六，遯尾，厉，勿用有攸往。

初六为一卦之尾，所以是小猪的尾巴。占遇此爻有麻烦，不要有所往。

六二，执之用黄牛之革，莫之胜说。

用黄牛皮做的皮绳牵住小猪，绑结实了，小猪就跑不了。“说”通“脱”。

九三，系遯，有疾厉，畜臣妾吉。

拴系住小猪。占问疾病，因为有拴住象，所以不易痊愈。但占问畜养男女奴仆，因为有拴住象，所以为吉。

九四，好遯，君子吉，小人否。

品相好的小猪，对于君子来说是吉，对于下民来说在不吉。有钱人可以享用的，普通人未必适合享用。

九五，嘉遯，贞吉。

九五尊位，尊者所用小猪自然差不了，所以占问为吉。

上九，肥遯，无不利。

肥美的小猪，占问遇此爻，没有不利。

大壮：兰叶春葳蕤

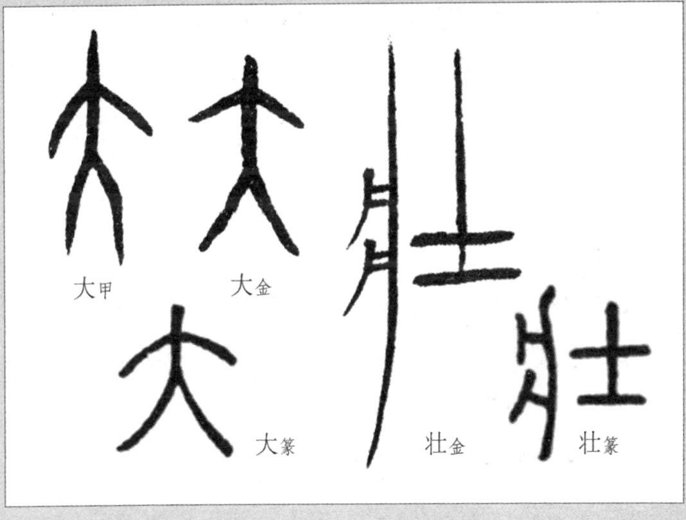

大壮䷡

大壮卦内卦为乾，外卦为震。乾为天，震为雷。雷震于天，声势浩大，所以卦名为大壮。

大壮为消息卦中的息卦，自复卦䷗始，阳爻四进而成大壮。息卦至泰卦䷊为阴阳各半，至大壮䷡则阳壮于阴，所以为大壮。

“壮”旧作“壯”，《说文》说：“壯，大也。从士，爿声。”《彖传》则说：“大者，壯也。刚以动，故壯。”乾为刚，震为动，象阳气自内而动于外，则万物生长，一片欣欣向荣的景象，即大壮之象。

卦爻辞中的“壯”非卦名之义，当借为“戕”，意为“伤”。

爻辞中多有羊与藩之事。“藩”即藩篱，外卦震有藩篱象，内卦乾为公羊，试图冲破藩篱，不是羊伤，就是藩破。

大壮卦卦爻辞如下：

大壮，利贞。

初九，壮于趾，征凶，有孚。

九二，贞吉。

九三，小人用壮，君子用罔，贞厉。羝羊触藩，羸其角。

九四，贞吉，悔亡。藩决不羸，壮于大舆之輹。

六五，丧羊于易，无悔。

上六，羝羊触藩，不能退，不能遂，无攸利，艰则吉。

大壮，利贞。

遇大壮卦，有利于占问之事。

初九，壮于趾，征凶，有孚。

初九在下为脚趾，伤在脚趾，不宜远行，所以远行为凶。

九二，贞吉。

九二爻为内卦中位，不偏不倚，所以占问之事为吉。

九三，小人用壮，君子用罔，贞厉。羝羊触藩，羸其角。

九三爻说了两件事，前一段是讲人，后一段是讲羊。遇到极端的事，小人用暴力的方式，君子用逃逸的方式。“罔”，帛书作“亡”，可释为“逃逸”。遇此爻，占问之事不妙。“羝羊”即公羊。“羸”通“累”，在这里是卡住的意思。公羊用羊角顶藩篱，想逃出去，结果羊角卡在篱笆中，没能跑掉。

九四，贞吉，悔亡。藩决不羸，壮于大舆之輹。

遇此爻，占问之事为吉，没有悔吝。而上升到外卦，有的羊终于冲开了藩篱，但逃出了藩篱，还是撞在了大车的辐条上受了伤。

六五，丧羊于易，无悔。

羊跑掉了，丢失在国境线上。但丢了羊未必是坏事。“易”即疆埸。顾颉刚认为“易”是“有易国”，则丢羊的事发生在有易国。详见旅卦解。

上六，羝羊触藩，不能退，不能遂，无攸利，艰则吉。

羊角卡在篱笆中的羊，既不能退，又不能进。占遇此爻不会有好处，但占问艰难之事则为吉。

晋：
地平线上的第一抹曙光

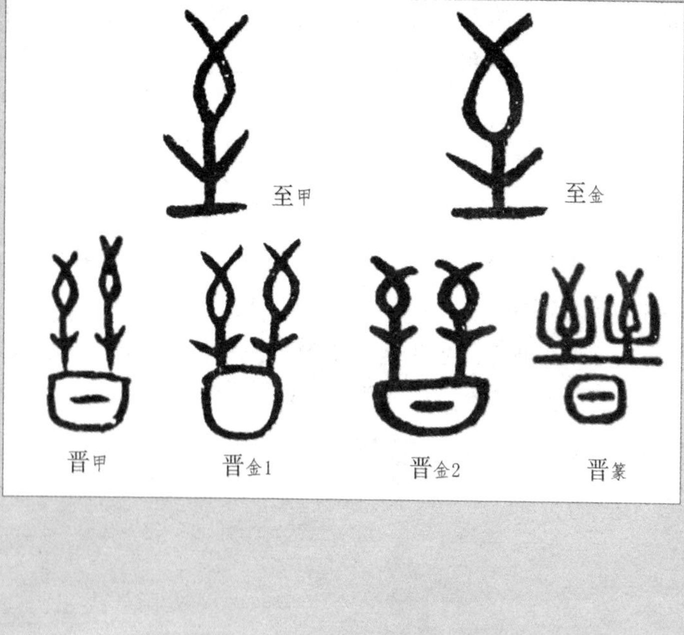

晋䷢

晋卦内卦为坤，外卦为离。坤为地，离为火、为日。晋卦与明夷卦内外卦倒置，《彖传》和《象传》均释卦象为“明出地上”，而释明夷为“明入地中”。“明”为日月，而离为日，是最大的明，所以说“明出地上”，实际上即是说日出地上。《易传》对晋卦和明夷卦的解读是一种动态的解读，以晋卦为例，晋卦离日在上，坤地在下，而在上之日是自地中而出，晋升到地上。所以，称作“晋”。

“晋”字演变之路比较清晰：

𣈆→晉→晋

“晋”，甲骨文作“”，上面是两支倒置的箭，即两个倒写的“矢”字，这两支箭插在下面的日中。金文作“”，和甲骨文基本相同，只是倒置的箭形不如甲骨文明晰。

倒置的箭其实就是“至”字，甲骨文作“”，象箭倒插在横杠上，横杠是箭的目标，箭射到目标，表示到达、完成。

两个“至”字组成“臸”，也是到达的意思，所以“𣈆”是日到的意思。所谓日到，即日升出地平线。

《说文》“晋”即作“𣈆”，释同《彖传》“进也”。“𣈆”隶省作“晉”，而“晋”为其俗字。

“晋”的本义为太阳升起，而在晋卦中，无论经传，都取“进”义，“晋”亦通“进”。

晋卦卦爻辞如下：

晋，康侯用锡马蕃庶，昼日三接。

初六，晋如，摧如，贞吉，罔孚，裕无咎。

六二，晋如，愁如，贞吉，受兹介福于其王母。

六三，众允，悔亡。

九四，晋如鼫鼠，贞厉。

六五，悔亡，失得，勿恤，往吉，无不利。

上九，晋其角，维用伐邑，厉吉，无咎，贞吝。

晋，康侯用锡马蕃庶，昼日三接。

康侯即康叔，周武王之弟。王赐给康叔良马，一日之中赏赐了三次，康叔用赐马繁衍马匹。

初六，晋如，摧如，贞吉，罔孚，裕无咎。

从初六起，应是一场进攻之战的描述。进攻之势摧枯拉朽，占问遇此爻为吉。抓到大量的俘虏，收获颇丰，没有问题。“罔”即“网（網）”，网罗的意思。

六二，晋如，愁如，贞吉，受兹介福于其王母。

部队在挺进，但并不以进攻顺利为喜，而是常怀忧心，如此，所以为吉。六二为内卦中位，是坤位、母位，所以在此受到王母的赐福与保佑。

六三，众允，悔亡。

“允”释为信。得到众人的信任，所以进攻不会有悔吝之事。

九四，晋如鼫鼠，贞厉。

九四爻的进攻则如老鼠一样畏首畏尾，所以占问之事有麻烦。“鼫鼠”，《集解》作“硕鼠”。“硕鼠”见于《诗经》，即大老鼠。

六五，悔亡，失得，勿恤，往吉，无不利。

六五爻为一卦尊位，在外卦中位，有中正之德，所以，遇此爻，悔吝之事消亡，即使失去所得，也不以为忧。往进为吉，没有不利之事。“恤”，《说文》解释为“忧也”。

上九，晋其角，维用伐邑，厉吉，无咎，贞吝。

上九在上位，角长在头顶，所处位置与最上爻相当。以角抵进，象征有锐师插入，用以伐外族之邑，虽有麻烦，但结果为吉，没有大问题。上九是一卦之穷，所以，占遇此爻，还是会有艰难之事。

明夷：陨落的太阳鸟

明夷 ䷣

明夷卦内卦为离，外卦为坤。离为火、为日，坤为地。明夷卦与晋卦相反，离在下，坤在上。晋卦象太阳从地下升于地上，而明夷卦则象太阳沉入地下。明为日月，夷为夷灭，太阳夷灭于地平线之下，所以称之为“明夷”。

“明”字《说文》作“朙”，释为“照也，从月囧”。段注解释说：“从囧，取窗牖丽廔闿明之意也。”而《说文》古文作“明”，改从囧为从日。段注又说：“云古文作明。則朙非古文也。盖籀作朙，而小篆丽从之。”从《说文》和段注看，“明”有“明”“朙”两种写法，“明”从日，“朙”从囧。囧是窗户透过来的光，月亮照在窗上，就是明，所以“朙，照也”，没有太阳什么事。而从日之明则兼有日月之明。

“明”字从甲骨文起，就有“朙”和“明”两个不同的源头。

圆窗图

"朙"字作""，"明"字作""。""隶定为"囧"，圆圈中间的笔画象窗棂，窗棂的形状不拘于一种。象月光透过小圆窗照入室内，室内的黑暗和窗棂中透进的光形成鲜明的反差，所以光线显得特别明亮，因此生成"明"的义项。

""字的会意则与今相同，日月分别为白昼和黑夜中所能见到的最亮之物，所以日月为最大的"明"。

在甲骨文中，"朙"和"明"分别出现于不同的语境，可见二者最初在含义上有所区别。"朙"和"明"在金文中作""和""，仍然因循不同的路径演变。在明亮的含义上，"朙"恐为正字，如"盟"字作""，甚至干脆省略"月"字，作""。所以，""也可以视为简化的"朙"字。后来，"朙"字或写作"明"，是将"囧"简化为"目"。

"夷"字的起源可能也有两个系统。在甲骨文中一个作""，一个作""。"夷"字字形来源于""。金文作""。

《说文》说："夷，平也，从大从弓，东方之人也。"但从甲骨文和金文看，所谓"大"，实际上是"矢"，是一枝箭形；所谓"弓"，也没有最下面的弯钩，而是缠起来的矰缴，即系在箭上的丝绳。《说文》中所谓"从大从弓"，"大"为正面站立的人，"夷"为人荷弓之形。东夷人好射，所以身上背着弓。但从"夷"的起源看，"夷"字其实是有矰缴的箭，是用来射鸟的狩猎工具，并不是一个人背着弓的意思。

而""一般隶作"尸"，在甲骨文和金文中假为"东夷"的"夷"，即"东方之人"的"夷"初作""。

"夷"还通"雉"字。甲骨文"雉"或作""，或作""，

一侧的“矢”或有矰缴或无矰缴。可见“雉”的本义为射鸟，有伤害、陨落之意。而“荑”与“薙”也来自于“夷”“雉”的本义。因为山鸡是经常被猎获的鸟，所以“雉”也被指代这种鸟。

从“夷”的本义引申出来较为原始的义项一为“雉”，一为有伤害之意的夷平、夷灭。

明夷卦的“明”和“夷”互相关联。

卦名的明夷是指太阳的沉降。晋为太阳升起，明夷为太阳沉落，一早一晚，如上六爻爻辞：“初登于天，后入于地。”

太阳之意来自明夷卦下卦之离。离为火，人能见到最大的火莫过于太阳，所以，离又为太阳。世间最为明亮的是太阳，所以明夷卦称太阳为明。荀爽说：“火性炎上，离为飞鸟。”而古时传说日中有鸟（三足乌），古老部族对太阳崇拜的同

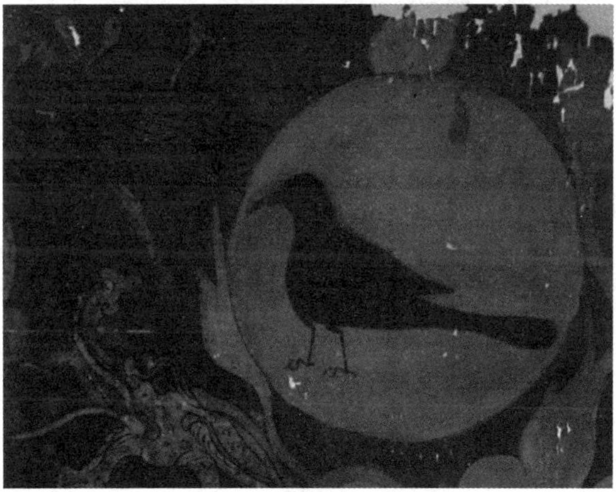

汉帛画中的三足乌

时往往也伴有对鸟的崇拜，如少昊氏以鸟纪官。“离为飞鸟”即“日为飞鸟”，“日为飞鸟”即“明为飞鸟”。所以爻辞中的“明”既指太阳，又指驮日飞行的太阳鸟。明夷就是太阳鸟被射伤，因为驮日飞行的太阳鸟受了伤，所以太阳就跟着陨落了。

明夷卦卦爻辞如下：

明夷，利艰贞。

初九，明夷于飞，垂其翼。君子于行，三日不食。有攸往，主人有言。

六二，明夷，夷于左股，用拯马壮，吉。

九三，明夷于南狩，得其大首，不可疾贞。

六四，入于左腹，获明，夷之心，于出门庭。

六五，箕子之明夷，利贞。

上六，不明，晦，初登于天，后入于地。

明夷，利艰贞。

遇明夷卦，有利于占问艰难之事。

初九，明夷于飞，垂其翼。君子于行，三日不食。有攸往，主人有言。

太阳鸟受伤于飞行之中，因受伤而垂翼下降。君子遇到类似飞行中受伤的窘境，走在途中，三天没有饭吃。且窘事不限于此，到了目的地，还要被主人数落。

六二，明夷，夷于左股，用拯马壮，吉。

太阳之鸟受伤，伤在左侧大腿根。六二为坤位，坤为地，所以在地上行走则为吉，受伤的马得到了治疗。

九三，明夷于南狩，得其大首，不可疾贞。

太阳之鸟受伤于往南方狩猎之时，狩猎的人得到很大的收获。但有受伤之象，所以，占问疾病遇此爻则不利。

六四，入于左腹，获明，夷之心，于出门庭。

这一次箭射到了左侧的腹部，获得了太阳之鸟，鸟的心被射伤，所以丧了命。射箭的人是在刚出门就有此收获。

六五，箕子之明夷，利贞。

箕子是商纣王的叔父。因为纣王的暴政，微子被迫离去，比干被剖了心。箕子无奈之下，为避祸佯装疯癫，被纣王囚禁。箕子的遭遇犹如太阳鸟的受伤，由白天变成了夜晚。但夜晚可以韬光养晦，还会有重见日出的时候，所以，作为处于尊位的六五爻，是有利于占问之事的爻位。只不过是苦难之后的重见天日，如卦辞所说的“利艰贞”。

上六，不明，晦，初登于天，后入于地。

上六爻是一卦之末，概括整卦。太阳陨落于地下，光明消失，天色晦暗。太阳开始的时候升到天上，后来又入于地下。

家人：有一个魂牵梦绕的地方

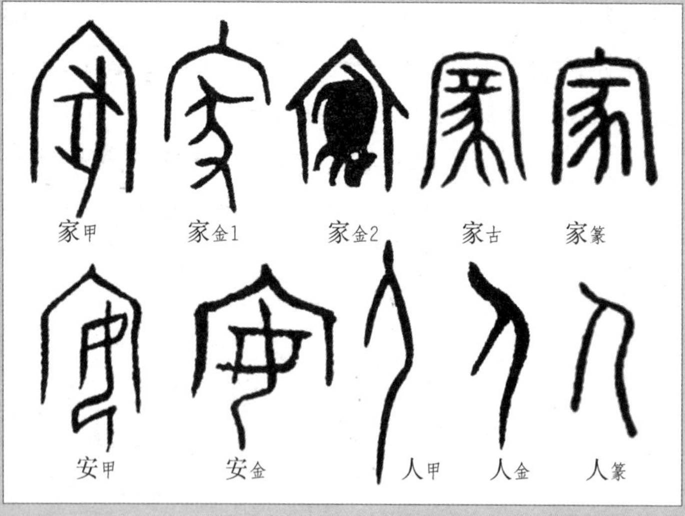

家人䷤

家人卦内卦为离，外卦为巽。离为火，巽为风，所以是风火家人。家人卦，给人以温暖的感觉。《序卦》说：“伤于外者，必反于家，故受之以家人。”在外受伤的人，最想做的事就是回家。回家的路上，家让人魂牵梦绕；回到家里，一切伤痛都变得无足轻重。

家人，是女人卦。家有女人则安，所以“安”字甲骨文写作“”，是一个安静的女人处于家中的形象。离为内卦，离卦的初、三皆为阳爻，唯独中位为阴爻。内卦的中为坤位，是母亲之位，是家的主母。阴爻处于母位，处在她该处的位置。而与之相应的九五爻恰为阳爻，女主内男主外，天地和顺，夫妻和顺，亲子和顺，家和顺。马融说：“木生火，火以木为家，故曰家人。”用五行相生的学说阐释卦名。巽又为木，离为火，木生火，所以木是火之母，那么木就是火的家，因为有母亲的地方就是家。

“家”字甲骨文作“”，意为房子里面有头猪。金文字形与甲骨文基本相同，有的依然十分形象，如作“”形；有的则更为符号化，如作“”形。

房子里有猪，可表达三种含义：

其一，养猪需要饲料，粮食除了满足人的需要，还有剩余可以喂猪，说明了家的富有。如大汶口文化墓葬中随葬有猪头骨或猪下颌骨，猪在这里象征着财富。有了猪，家就富足，就有了养家的保障。所以“家”字有富有的含义，这和“富”

酒尊

字有很强的相似性。如“富”字金文作“[金文字形]”，是家有酒坛之象。有余粮才可以酿酒，犹如有余粮才可以养猪，所以，“富”和“家”都有富足的含义。

其二，养猪需要稳定的住所，如果四处游牧，那就不可以养猪。只有停下来，长久地住在一个地方，才可以有真正意义上的家。这是“家”字所以以此为形的根本原因。

其三，人类在刚刚开始养殖和种植的时候，男人在外狩猎或采集，养殖和种植主要靠在家的女人操持，所以，家有浓厚的女人味道。

家是安定的，是富足的，是女人味浓厚的地方。正因为如此，家是温暖的、安全的，犹如船舶的避风港。

“人”字甲骨文和金文基本同形，作“[金文字形]”。造字之初，人有两种写法：一种是“大”，一个正面站立的人，取天地之间人为大之意，是人自信的一种表现。一种是“人”，一个侧面躬背的人，是人谦恭的一种表现。谦恭的形象表达的是人对自然、对法则的一种敬畏心。

家人卦卦爻辞如下：

家人，利女贞。

初九，闲有家，悔亡。

六二，无攸遂，在中馈，贞吉。

九三，家人嗃嗃，悔厉吉；妇子嘻嘻，终吝。

六四，富家，大吉。

九五，王假有家，勿恤，吉。

上九，有孚威如，终吉。

家人，利女贞。

家人是女人卦，所以利于女人的占问。

初九，闲有家，悔亡。

树立起栅栏建起家，悔吝之事消失了。《说文》说："闲，阑也。"闲，就是树起木头拦起来。这是个比喻，不论是栅栏还是土墙，家的意思就是隔起一个空间，给人以安全、私密的感觉。

六二，无攸遂，在中馈，贞吉。

六二为坤位，是家人卦主题所在爻。"遂"，如《广雅·释诂》所说，是"往"的意思。《周易》卦爻辞中常有"无攸往"，而在此变文为"无攸遂"，当是取与"在中馈"为韵。"中馈"的"中"是内中的意思，即家的意思；"馈"是饮食之意。"中馈”即家中厨房里的事，是一家主妇主宰的地方。好好待在家中不用出门，家中有贤内助打理饮食之事，这种其乐融融的家庭生活，如有占问当然是吉。

九三，家人嗃嗃，悔厉吉；妇子嘻嘻，终吝。

九三爻再次演说《周易》朴素的辩证法。“嗃嗃”有多种解释，但都是指不好的声音。家里人发出不痛快的声音，有悔吝之事，有麻烦之事，但正因为处境不好，所以大家才会努力去扭转局面，才会有一个好的结局。而与此相反，家中妇人孩子嘻嘻哈哈，无忧无虑，不去防备有可能出现的问题，所以结局反而不妙。

六四，富家，大吉。

“富”则有酒，“家”则有肉。有酒有肉，岂不大吉。

九五，王假有家，勿恤，吉。

九五爻是君位，所以说到王家。王到了家，同样无忧无虑，结果为吉。“假”，王弼释为“至也”。

上九，有孚威如，终吉。

“威”字帛书作“委”，堆积的样子。“有孚威如”是说获取的财物堆得满满的。家里获得这么多的财物，结果当然为吉。

>>> 睽：离心离德

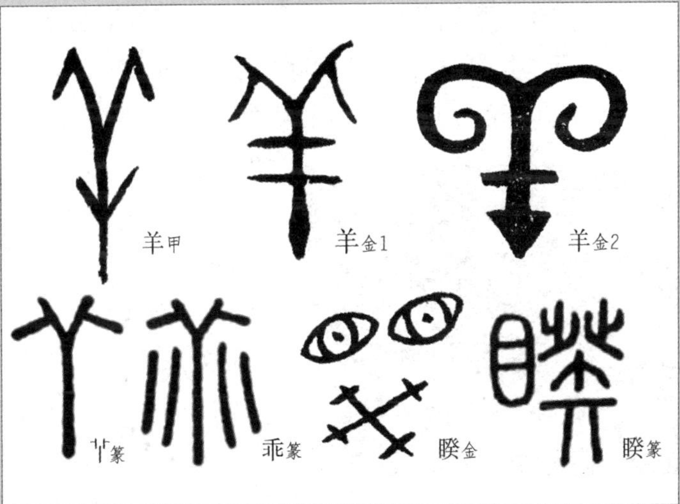

睽 ䷥

睽卦内卦为兑，外卦为离。兑为泽，离为火。《彖传》说："火动而上，泽动而下。"火性炎上，泽水就下。则上卦向上，下卦向下，是乖离之象。《序卦》说："家道穷必乖，故受之以睽。睽者，乖也。"睽就是"乖"，而帛书本径作"乖"，所以睽卦即乖卦。

"睽"，《说文》说："从目癸声。""睽""乖"古音近而通。

"乖"字篆文作"𠁥"，《说文》说："戾也。从𦫳而𠔁。𠔁，古文别。""𦫳"是《说文》中的部首，《说文》释为羊角。

在甲骨文中，羊作"羊"，与牛作"牛"不同。"牛"是两角相向，"羊"是两角相背。"羊"字去掉羊头部分，则剩下"𦫳"，即羊角部分，由羊角相背的形状生成乖离之义，所以，"𦫳"即"𠁥"字的初文。《说文》说"𠔁"是古"别"字，"𦫳"加"𠔁"，加重乖离之义。而"𠁥"字隶作"乖"以后，下面的"𠔁"变作"北"。"北"字甲骨文作"北"，是两个人背靠背之形，是"背"的初字，被借作表示方向的"北"后，加"肉"字变成"背"。可能是"乖"

石羊

字隶定后，上面的羊角部分不明显，所以，将“北”字一劈两半，放在中心线两边，强调背离之义，由此形成“乖”字。“丫”为羊角象征的乖离，“北”为二人朝向相反象征的乖离。从“乖”造字历程看，“乖”的意思为乖离、不顺等。

回到睽卦（即乖卦），乖离之义除表现在上下卦方向相反而行、互不相交外，还表现在内外卦同为“女”。兑卦上爻为阴，是少女；离卦中爻为阴，是中女。《彖传》说：“二女同居，其志不同行。”二女住一起，共事一夫，同性相斥而相妒，自然怀志不同。

从睽卦卦爻辞看，应该与外出行路有关，如“丧马”“遇主”“见舆曳”“遇元夫”“往何咎”“往遇雨”等。

睽卦卦爻辞如下：

睽，小事吉。

初九，悔亡。丧马勿逐自复。见恶人无咎。

九二，遇主于巷，无咎。

六三，见舆曳，其牛掣，其人天且劓，无初有终。

九四，睽孤遇元夫，交孚，厉，无咎。

六五，悔亡。厥宗噬肤，往何咎。

上九，睽孤见豕负涂，载鬼一车，先张之弧，后说之弧，匪寇，婚媾。往遇雨则吉。

睽，小事吉。

遇睽卦，占问小事则吉。

初九，悔亡。丧马勿逐自复。见恶人无咎。

悔吝之事消失。“丧马”“见恶人”都应是悔吝之事。但马跑了不用追，早晚马会自己回来。见到丑陋之人，对自己来说，也不会有什么麻烦。“恶人”即丑恶之人，指肢体、五官有残缺的人。

九二，遇主于巷，无咎。

九二爻在坤位，是地之主，在此遇主人于街巷中，省却了寻找之劳，直接跟着主人回家，当然“无咎”。

六三，见舆曳，其牛掣，其人天且劓，无初有终。

路上遇见有人拽车，这个人就是“恶人”，脑门上烙了字，鼻子被割掉，所以很丑陋。他往后面拉，牛却往前使劲，不肯配合，这也是“乖”象。开始的时候老拽不动，但最后还是拽成了。“掣”，帛书作“恝”，集解本作“觢”。“恝”意为不经心、漠然，是牛不理睬、不配合的样子；“觢”意为牛角一低一仰，也是拒绝和不配合的意思。“天”，马融说：“剠凿其额曰天。”即墨刺额头之刑。“劓”是割鼻之刑。

九四，睽孤遇元夫，交孚，厉，无咎。

落了单的人独自在路上走，遇上一个瘸子，结果两个人都被人抓了。或许是抓人者发现这个人不是瘸子的同伙，就没有难为他，说明虽然遇到麻烦，但不会有什么问题。“睽”即“乖”，“睽孤”即与他人乖离后变成孤身一人。高亨认为目不相见为睽，无父为孤，所以“睽孤”就是与父未曾相见之孤，即遗腹子。“元夫”之“元”，闻一多认为读作“兀”。“兀”即“跀”，指因为受刖刑而成了瘸子的人。

六五，悔亡。厥宗噬肤，往何咎。

六五为尊位吉爻，悔吝之事消失。登上宗庙吃上肉，前往会有什么问题吗？“厥”，帛书本作“登”，竹书本作“升”，都是登上之义。“厥”或是“登”之讹。“噬”是吃、咬。“肤”是鲜肉。

上九，睽孤见豕负涂，载鬼一车，先张之弧，后说之弧，匪寇，婚媾。往遇雨则吉。

还是那个因失了群而独行的人，看见许多奇怪的现象。有一头猪，浑身都是泥巴。有一辆车，载了一车的鬼。吓坏了独行的人，先拉起弓，准备射鬼，后来却把弓放下了。因为他看明白，这一车妆扮成鬼的人不是来抢劫的，而是来求婚的。这可能是一种古老的化妆求婚仪式，相当于现在的化妆舞会。遇此爻，走在路上如遇雨则吉。“豕”即猪。“鬼”甲骨文作“”，象一个人头戴巨大的面具，很可能与早期巫术有关。因戴着面具的巫觋能通鬼神，所以古人把人死后变成的鬼想象成头戴面具的巫者的样子。而面具形象的来历，或许可以从金文中找到线索。金文“鬼”作“”，而“禺”作“”，二字主体部分同形。《说文》释“禺”：“母猴属，头似鬼。”段注引郭璞《山海经传》：“禺似猕猴而大。”可见禺当是一种形体较大的猴子，有可能是现在已经绝迹的巨猿。所以，鬼的形象很可能来源于这种相貌丑陋的猴子。这里的“鬼”当指化妆成鬼的求婚者，因戴着“鬼”面具，从观察者的角度，远看像载了一车鬼。“弧”指弓，“说”通“脱”。

蹇：举步维艰

蹇 ䷦

蹇卦内卦为艮，外卦为坎。艮为山，坎为水，水在山上。《彖传》说："蹇，难也。"登山本已艰难，山上有水湿滑，则登山更为艰难，故为蹇。

"蹇"，小篆作"𨇾"，《说文》说："跛也。从足，寒省声。"段注："《易》曰：蹇，难也。行难谓之蹇。""跛"指腿脚不方便的人。腿脚不方便，走起路来自然比常人艰难，所以是"行难"。

山上有水

"寒省声"省的是下面两个点。"寒"字的金文作"𡫳"，象一个人因为感觉寒冷蜷缩在屋子里，周围塞满了草，下面的两个小横杠是冰的意思，象征屋子外面因为寒冷而结冰。实际上，金文也有省去两点的"𡨄"，和《说文》可以对应。

"蹇"从足，是说足遇到了犹同身体感觉寒冷一样的难事，所以指行路的艰难。足寒难以迈步，自然走起路来十分困难。回到卦象，艮亦为止，坎亦为险。象险在前面而被迫停止。因此，《彖传》说："见险而能止，知矣哉。"止于险前，是一种大智慧。由此可以看出，“蹇”未必是一件坏事，如能遇险而止，则能避免不测。这正是《周易》传达给我们的人生哲理。

蹇卦卦爻辞如下：

蹇，利西南，不利东北。利见大人。贞吉。

初六，往蹇来誉。

六二，王臣蹇蹇，匪躬之故。

九三，往蹇来反。

六四，往蹇来连。

九五，大蹇朋来。

上六，往蹇来硕，吉，利见大人。

蹇，利西南，不利东北。利见大人。贞吉。

按后天八卦，坤在西南，而坤为顺，所以利西南。艮在东北，艮为止，止于东北，即东北走不通，所以不利东北。

初六，往蹇来誉。

从初六到九三、九四、上六，除却九五和六二君臣二爻，“往”均为“蹇”，而来则不同。初六是去的时候艰难，回来的时候却收获了荣誉，即载誉而归。

六二，王臣蹇蹇，匪躬之故。

六二为臣正位，所以为王臣，遭遇到“蹇”而又“蹇”的困难局面，但这些困难并不是王臣自己的过错造成的。

九三，往蹇来反。

去的时候艰难，回来的情况则完全相反。

六四，往蹇来连。

去的时候艰难，回来的时候艰难仍在延续。

九五，大蹇朋来。

九五尊位，所以遭遇的是“大蹇”，例如国事之艰难，但因阳爻处阳位，处位恰当，所以有人来帮忙。

上六，往蹇来硕，吉，利见大人。

上六爻蹇卦终于走到尽头，去时虽艰难，但回来时收获丰硕。遇此爻为吉，利于见地位尊贵的人。“硕”字帛书本作“石”，解释为多迂远，不如朱熹释为“硕大之功”，更为直截了当。

>>>

解：在雷雨交加中走出泥泞

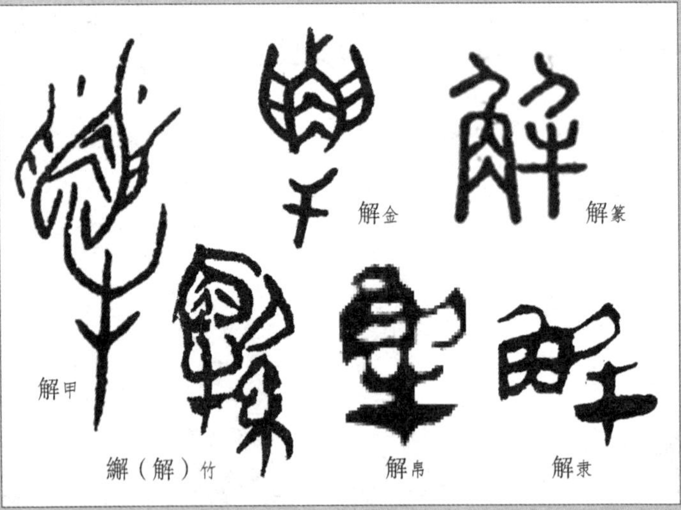

解 ䷧

解卦内卦为坎，外卦为震。坎为水，震为雷。雷震于上，水降于下，象雷雨交加。《彖传》说：“天地解而雷雨作。雷雨作而百果草木皆甲坼。”蹇则寒凝，春暖时则天地分解，雷雨交作，草木复苏萌发，所以，雷雨之卦名作“解”。

《说文》说：“解，判也。从刀判牛角。”“解”字由“刀”“牛”“角”构成，象以刀剖解牛角。

与《说文》不同的是，甲骨文作“”，金文作“”，皆不从刀，而是象两只手解牛角，应是解开束缚之义。如《序传》所说：“解者，缓也。”

敦煌壁画中的牛耕图

从“解”的造字演变看，主要有两个义项：一是截断，二是解开束缚。

解卦之“解”当为解开束缚之义（竹书“解”作“繲”），如《彖传》说：“险以动，动而免乎险，解。”坎为险，震为动，坎在内震在外，解卦象动而出于险外。因为有险所以动，因为动所以脱离险境。此为解卦的基本含义。

解卦卦爻辞如下：

解，利西南。无所往，其来复吉。有攸往，夙吉。

初六，无咎。

九二，田获三狐，得黄矢，贞吉。

六三，负且乘，致寇至，贞吝。

九四，解而拇，朋至斯孚。

六五，君子维有解，吉。有孚于小人。

上六，公用射隼于高墉之上，获之，无不利。

解，利西南。无所往，其来复吉。有攸往，夙吉。

遇此卦，有利于西南。如无所往，应回到原处，如此则吉。如有所往，应一早行动，如此则吉。

初六，无咎。

遇此爻则无咎。

九二，田获三狐，得黄矢，贞吉。

打猎获得三只狐狸，还得到铜箭头，占问为吉。

六三，负且乘，致寇至，贞吝。

东西太多，有背着的，有载在车上的，结果招致贼寇来抢夺。占问有困窘。

九四，解而拇，朋至斯孚。

断掉他的大脚趾，他的同道之人来营救，结果也被抓住。这里的“解”，可解释为断掉。

六五，君子维有解，吉。有孚于小人。

六五为君子爻，所以有利于君子，不利于小人。如果君子被绑，会被解开，所以为吉。如果是小人，则会被抓住。这里的“解”与卦意同，可解释为解开束缚。

上六，公用射隼于高墉之上，获之，无不利。

公在高墙之上射鹰，一箭命中，没有不利的。“公”是爵位中最高的，也是诸侯国国君的尊称。

损：

因为残缺而美丽

损 ䷨

损卦内卦为兑，外卦为艮。兑为泽，艮为山。损卦象山在上，泽在下，泽常年侵蚀于山下，使山根受损，所以为损卦。

损益之道，是《周易》的又一大绝妙智慧。凡事有损必有益，有益必有损。此处有损，彼处必有益；此处有益，彼处必有损。所以损卦因损下卦，而益于上卦。益卦因益下卦，而损于上卦。这也是我们常说的有得必有失，有失必有得。老子说："物或损之而益，或益之而损。"（《老子》四十二章）说的就是这个道理。老子认为损益之道乃天道，所谓"天之道，损有余而补不足"（《老子》七十七章）。所以，老子提倡："为学日益，为道日损。损之又损，以至于无为。"（《老子》四十八章）

"损之又损"的损益智慧，还出现在另外一位哲人的教诲。这个人就是据说曾受教于老子的至圣先师孔子。

孔子带弟子观鲁桓公庙中欹器，并当场做了教学实验。欹器因空而欹（倾斜不正），孔子让学生往欹器中灌水，当灌到一定程度，欹器渐渐端正，再接着灌水，即将灌满时欹器倾覆。孔子感慨说："看见了吗？凡物没有满而不覆者。"

子路于是问"持满之道"。孔子说："聪明睿智，守之以愚；功被天下，守之以让；勇力振世，守之以怯；富有四海，守之以谦。此所谓损之又损之之道也。"

这一段记载见于《荀子》《孔子家语》《韩诗外传》等文献，包括后代的《孔子圣迹图》也收有这则故事。可惜的是，后世的人并没有听进圣人的教诲，多少人没有逃脱损益的法则，智

孔子圣迹图

者死于智，功者死于功，勇者死于勇，富者死于富。

损益之道的终极智慧即老子所说“损之又损，以至于无为”。而无为的结果是什么呢？“无为而无不为”（《老子》四十八章）。

损卦之损来自于泰卦䷊，损下卦九三之阳爻，益上卦上六之阴爻，损阳益阴，损刚益柔，而成损䷨。九三、上六为应爻，这是内外卦应爻之间的损益。泰为阴阳平衡，损内卦一阳，必益外卦之一阳。益卦亦同，不过内外方向相反而已。这是《周易》呈现给我们的损益之道。

损卦卦爻辞如下：

损，有孚，元吉，无咎。可贞。利有攸往。曷之用，二簋可用享。

初九，已事遄往，无咎，酌损之。

九二，利贞。征凶，弗损益之。

六三，三人行则损一人，一人行则得其友。

六四，损其疾，使遄有喜，无咎。

六五，或益之十朋之龟，弗克违，元吉。

上九，弗损益之，无咎，贞吉。利有攸往，得臣无家。

损，有孚，元吉，无咎。可贞。利有攸往。曷之用，二簋可用享。

遇此卦，会有所俘获，大吉，不会有问题。占问之事可行。有利于有所往。享祭用什么？有二簋就足够了。“曷”即“何”。“簋”是盛食器，是重要祭祀用器之一。古时最常用的礼器如鼎，是蒸煮器；如簋，是盛食器。二者常用于祭祀。

初九，巳事遄往，无咎，酌损之。

“巳事”即“祀事”，祭祀之事。“遄”是快速的意思。“酌”本义为以勺取酒，引申为取。取时有多有少，所以派生斟酌义。遇祭祀之事应赶快前往，以示虔诚，如此则无咎。至于用多少祭品，可以酌情减省。心诚是第一位的，祭品多少并不重要。

九二，利贞。征凶，弗损益之。

遇此爻有利于占问之事。但远行则凶，所行之事不必有所损益。即以不变处之。

六三，三人行则损一人，一人行则得其友。

六三爻说中道，多则损，少则益。所以，三人行就会减损一人，一人行则会多一同伴。

六四，损其疾，使遄有喜，无咎。

六四爻是占问疾病，如要去除疾病，不论用什么方法，行事要果断快速，那么就会痊愈，不会有麻烦。“使”即“事”。

六五，或益之十朋之龟，弗克违，元吉。

有人赐给价值十朋的大龟，占卜的结果不能违背，则大吉。“朋”是贝的专用量词，十贝为一朋，“朋”字以金文为例，是两串贝之形，十朋则为一百贝，可见此龟价格很高，一定是又大又好、品相完美的龟。以如此好龟占卜，其结果当然不能违背。

上九，弗损益之，无咎，贞吉。利有攸往，得臣无家。

不必有所损益，没有问题，占问遇此爻则吉。有利于有所往，还能有所收益，获得没有主人的奴仆。

益：因有所失，故有所得

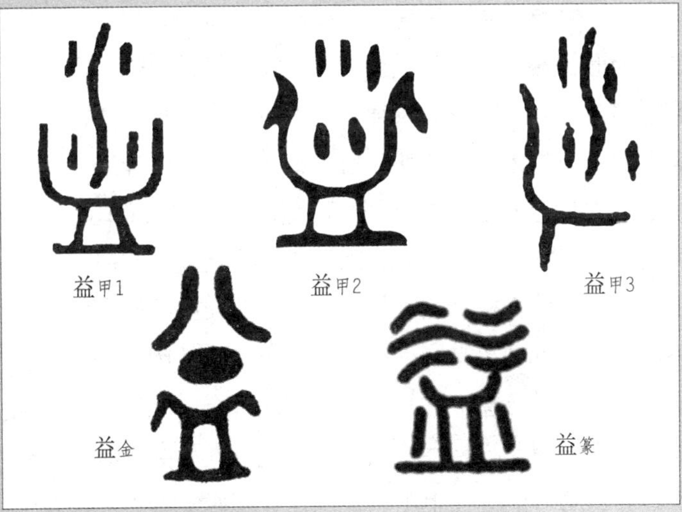

益䷩

益卦内卦为震，外卦为巽。震为雷，巽为风。雷本远在天上，而处在下位，象雷势增益下至于地；微风拂面时，风近在眼前，而处上位，象风力增益上卷云天。因此，卦名为益。

“益”字篆文作“”，《说文》说：“饶也。从水皿。”隶定的“益”字上半部分将一横的上下各两点拉平则如横躺的古“水（）”字，亦为坎卦☵之形，所以《说文》认为“从水皿”。盛器中水装得过满，溢了出来，就是“益”，即“溢”的本字。多得盛器盛不下，所以有丰饶义。

“益”字甲骨文作“”，亦为水满于器之形。金文作“”，看不出水形，却近似于隶定的“益”字。篆文“益”当来源于甲骨文系统，是水满而溢之意。

益卦中的“益”是增益、补益之“益”。与损卦相反，是损减上而补益下。损卦损自泰，而益卦则益自否，从否泰对应到损益对应，有很强的规律性。否卦䷋为上乾下坤，象天地分离不交，万物因此而闭塞。益卦动一爻而解活死局，即移九四爻于与之相应的初六爻，则九四变六四，初六变初九，否䷋变为益䷩。增益下卦所付出的代价是减损上卦，即损上益下。这是处于上方的当权者正确的抉择，即减损自己的利益而补益于下层民众，其结果是因损而得益。所以《彖传》说：“益，损上益下，民说无疆，自上下下，其道大光。”“说”即“悦”，民因损上而得益，自然快乐无边，民得养而富，最终受益的仍然是当权者。而“自上下下”也是处于尊位者的一种态度，低下高傲的头，听取在下的民声，改过迁善，换来的将是国泰民安，尊者就可以久坐尊位。所以，《象传》说：“风雷益，君子以见善则迁，有过则改。”震为动，巽即逊，将谦逊付诸行动，则“天施地生，其益无方”（《彖传》）。

益卦继损卦之后，继续阐发损益之道。何处损何处益，何时损何时益，只要把握顺天应人的主线，则会上下一心，“利有攸往”。

益卦卦爻辞如下：

益，利有攸往，利涉大川。

初九，利用为大作，元吉，无咎。

六二，或益之十朋之龟，弗克违。永贞吉。王用享于帝，吉。

六三，益之用凶事，无咎。有孚中行，告公用圭。

六四，中行告公，从。利用为依迁国。

九五，有孚，惠心勿问，元吉。有孚，惠我德。

上九，莫益之，或击之。立心勿恒，凶。

益，利有攸往，利涉大川。

遇益卦，有利于有所往，有利于渡大河。益卦内卦为震，外卦为巽，震为动，巽即逊，如《彖传》所说，卦象为“动而巽”，以谦逊之心而动，所以“利有攸往，利涉大川”。

初九，利用为大作，元吉，无咎。

“大作”为大工程，比如六四所言之“为依迁国”。遇此爻，有利于兴建大工程，大吉之爻，不会有问题。

六二，或益之十朋之龟，弗克违。永贞吉。王用享于帝，吉。

二爻与五爻为应，益之六二爻则远应损之六五爻，均有“益之十朋之龟”之事。有人赐给价值十朋的大龟，占卜的结果不能违背。占问长久之事则吉。王用享祭之礼祭祀天帝，祭事吉。

六三，益之用凶事，无咎。有孚中行，告公用圭。

六三爻之“凶事”，帛书本作“工事”，当指初九爻之“大作”。“中行”，即半路上。“圭”亦作“珪”，古代一种玉礼器。按古礼：王执镇圭，公执桓圭，侯执信圭，伯执躬圭。但圭也可做信物，《左传·哀公十四年》：“司马牛致其邑与珪焉。”杜预注：“珪，守邑符信。”朱熹注此爻时说：“用圭，所以通信。”此爻的意思为：增益工程之事，不会有问题。半路上获取俘虏，用圭做信物告知于公。

六四，中行告公，从。利用为依迁国。

从半路送来的信，公接到后信从。遇此爻有利于建家迁国等大举动。“为依迁国”帛书本作“为家迁国”。

九五，有孚，惠心勿问，元吉。有孚，惠我德。

“有孚”还是六三中途获俘之事，对于这件事，作为处于君位的公只给予鼓励就可以了，不用有物质性奖励，如此处理，大吉。能够意外获得俘虏，是对公本人德行的报答。“问”是对别人的一种回应，具有问候、慰问、报答的意思，但“问”一般都不是一句空话，往往会有实物。如《诗经·郑风·女曰鸡鸣》将“问之”与“赠之”“报之”做排比，其意与“赠”“报”相近。“惠心”则不同，只能是一种精神上的鼓励了。

上九，莫益之，或击之。立心勿恒，凶。

上九至益卦之末，无人肯增益之，还有人会打击之。如果立心不恒久，则会有凶险。益卦䷩为上巽下震，恒卦䷟为上震下巽，互为颠倒，所以为“勿恒”。

夬：大圆满之前的最后一道坎

夬 ䷪

夬卦内卦为乾，外卦为兑。乾为天，兑为泽。《序卦》说：“益而不已必决，故受之以夬。夬者，决也。”“决”字本作“决”，意为因水满溢而从缺口溃决。夬卦象泽在天上，水性趋下，在天之泽自然要决溃而向下，所以名夬卦。

从“夬”之字，有“缺”“决”“玦”等。

“缺”是陶器破碎有缺口。“决”是因为堤坝有缺口而水溢溃决。“玦”是一种玉器，如圆璧形而上有缺口。从诸字意蕴看，均含有破损有缺之义，所以，“夬”应是“缺”的本字。

《说文》篆字作“夬”，解释说：“分决也。从又。𠁥象决形。”意思是手持有缺口之物。徐中舒《甲骨文字典》力排众家之说，释甲骨文“夬”为“夬”，认为中间的弧形“实象玦形，为环形而有缺口之玉璧，以两手持之会意，为玦之本字，从玉为后加义符”。

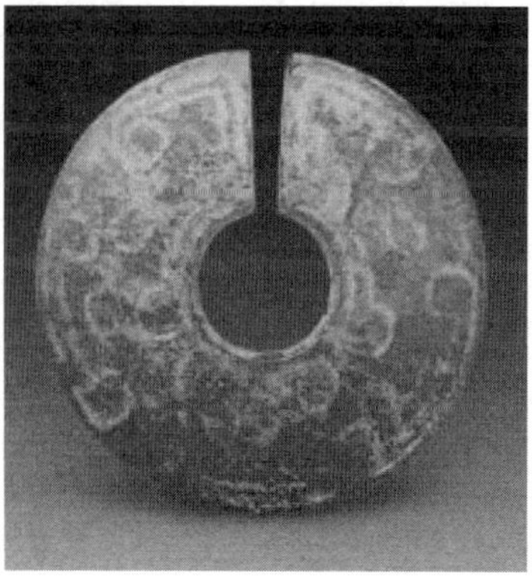

玉玦

夬卦的卦形犹如玦。下有五阳为实，上有一阴中虚而缺，致使一卦之形有缺，所以为“缺”卦，即“夬”卦。

爻辞中如“君子夬夬”“苋陆夬夬”的“夬夬”，亦当为因缺失同伴而孤单的样子。

夬卦为十二消息卦中的息卦之一，自复卦一阳始生，至夬卦五爻为阳，已行至即将登临乾卦大圆满的最后一层台阶，这是满阳之前的一种缺憾。而有缺憾未臻完美，正是《周易》推崇的不盈不满的佳境。

夬卦卦爻辞如下：

夬，扬于王庭，孚号。有厉告自邑。不利即戎，利有攸往。

初九，壮于前趾，往不胜为，吝。

九二，惕号，莫夜有戎，勿恤。

九三，壮于頄，有凶。君子夬夬独行，遇雨若濡，有愠无咎。

九四，臀无肤，其行次且，牵羊悔亡，闻言不信。

九五，苋陆夬夬中行，无咎。

上六，无号，终，有凶。

夬，扬于王庭，孚号。有厉告自邑。不利即戎，利有攸往。

将抓获的俘虏展示于王庭之上，俘虏在痛苦地哭号。有坏消息来自属邑。遇此卦不利于战事，有利于有所往。

初九，壮于前趾，往不胜为，吝。

伤于前脚趾，不能前往，因此而有困窘。“壮”，如大壮卦之“壮”，借为“戕”，伤的意思。

九二，惕号，莫夜有戎，勿恤。

闻到惊叫之声，原来是有敌人趁黑夜前来袭击，但不必担忧。“惕号”即“惊叫”。“莫”为“暮”的本字。“恤”即“忧”。

九三，壮于頄，有凶。君子夬夬独行，遇雨若濡，有愠无咎。

九三爻伤在脸上。“頄”为颧骨部位。伤在脸上是凶险之兆。君子孑然独行于路上，遇到雨天，被淋湿，虽然很让人恼火，但没有什么大问题。

九四，臀无肤，其行次且，牵羊悔亡，闻言不信。

大腿上没肌肉，走起路来举步维艰，以此比喻面临困境。但有牵羊之获，悔吝之事则可以消亡。遇此爻，听到的话不能信。“次且”，借为“趑趄”，行走困难的样子。

九五，苋陆夬夬中行，无咎。

九五爻的“苋陆”多歧义，如朱熹认为是马齿苋，尚秉和引孟喜语认为是兽名。高亨认为是“苋”当为“萈”，《说文》说：“萈，山羊细角者。”从“夬夬中行”看，不会是植物，应为动物，所以，可从细角山羊之说。细角山羊因为失群而孤孤单单走在大路上，或许就是九四牵到的那只羊。见到失群的山羊是意外收获，不会有问题。

上六，无号，终，有凶。

夬卦卦辞及九二、上六均有“号”，证明夬卦卦形上有缺口有“号”（仰首张嘴而哭号）象。上六为一卦之终，不再有“号”，号终于此，有凶兆。

姤：

天地相遇，大幕拉开

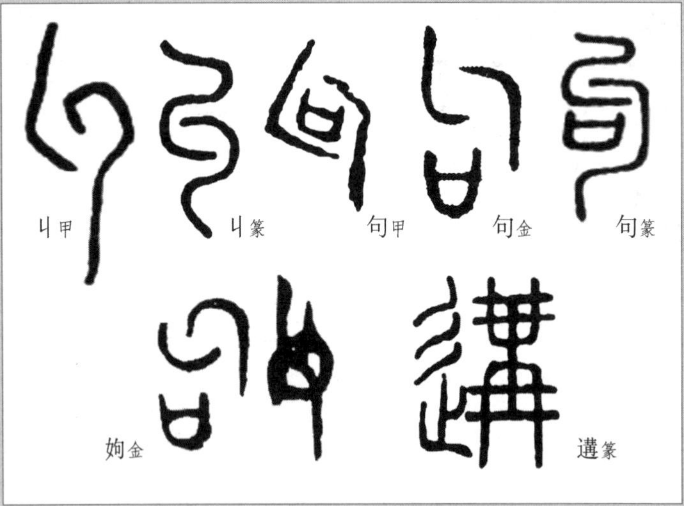

姤䷫

姤卦内卦为巽，外卦为乾。巽为风，乾为天，象风下于天。《序卦》说：“姤，遇也。”显然是释“姤”为“遘”。风下于天，与万物相遇，所以为姤（遘）。

与流通本不同的是“姤”帛书本作“狗”，竹书本作“敂”，均从“句（勾）”，其义来自“句（勾）”。金文“句”作“”，上半部分甲骨文作“”，此字隶定为“丩”，其实应是“句（勾）”的本字，与加“口”字的“句”同义。会意两物互相勾连，从而具有“勾”“遘”“媾”等义。《说文》释此字为“相纠缭也”，即互相纠葛缠绕，为“纠”之本字。可见“纠”“勾”本同源。

《说文》还说：“一曰瓜瓠结丩起。”是说“丩”或“勾”指瓜、葫芦之类藤蔓缠结之形。姤卦爻辞中如“包有鱼”“包无鱼”，“包”字当借为“匏”，就是指葫芦之类制成的可随身携带之物。竹书本“包”作“”，其实就是“橐”，甲骨文“橐”作“”，象两头系口的囊袋，指的也是类似的容器。而“匏”正与“瓜瓠结丩起”的“丩”或“勾”有关，所以屡屡出现在姤卦爻辞中。

姤卦是十二消息卦中消卦的第一卦，从纯阳的乾卦开始一阴始生而成姤卦。阴第一次出现，所以才有阴阳之相遇。《彖传》说：“天地相遇，品物咸章也。”意为天地阴阳相遇后万物呈现于世间，因此“天下大行也”，因此“姤之时，大矣哉”。

姤卦卦爻辞如下：

姤，女壮，勿用取女。

初六，系于金柅，贞吉。有攸往，见凶。羸豕孚蹢躅。

九二，包有鱼，无咎，不利宾。

九三，臀无肤，其行次且，厉，无大咎。

九四，包无鱼，起凶。

九五，以杞包瓜，含章，有陨自天。

上九，姤其角，吝，无咎。

姤，女壮，勿用取女。

“壮”通“戕”，即伤的意思。姤卦一阴在五阳之下，一阴被五阳所伤，所以女受了伤。受伤之女，当然不能娶。所以“勿用取女”。“取”，古“娶”字。

初六，系于金柅，贞吉。有攸往，见凶。羸豕孚蹢躅。

“柅”为止车之物，如现在的车闸。“羸”借为“缧”，捆绑用的绳索。“蹢躅”当为蹬踢挣扎的样子。俘获物和俘虏系在金属制的车闸上，占问遇此爻为吉。有所往的话，就会呈现出凶险之兆。被捆住的猪和俘虏都在拼命挣扎。说明此爻利于止，而不利于行。与其有所往，不如在原处看好已经俘获的猪和俘虏等，不要让其逃脱。

九二，包有鱼，无咎，不利宾。

出行的包裹里有鱼可以在路上食用，所以没有什么问题。但不利于出门做客。“包”即“匏”，是路上携带的盛物之器。

九三，臀无肤，其行次且，厉，无大咎。

大腿上没肌肉，走起路来举步维艰，虽然会有麻烦，但不会有大问题。“次且”，借为“趑趄”，行走困难的样子。与姤卦䷫互倒的夬卦䷪同样有“臀无肤，其行次且”一句，只是姤卦在内卦的最上九三爻，夬卦则在外卦的最下九四爻，亦互为颠倒。

九四，包无鱼，起凶。

与九二爻的“包有鱼”不同，九四爻行囊中没有了鱼。帛书本“起凶”作“正凶”，即“征凶”。行囊中没有食物了，还要往前行，自然凶险。

九五，以杞包瓜，含章，有陨自天。

九五为君位吉位，所谓“吉人自有天相”，有匏瓜挂在杞树上，里面还有东西，好事从天上掉下来。“含章”指内含光彩，这里指内中有物。

上九，姤其角，吝，无咎。

上九爻的“姤”，为“句（勾）”的原义。如牛、羊之类的牲畜的角被勾缠住，自然是困窘之事。还好，只是勾住了角，没有大的伤害，所以没有什么问题。

萃：在无争的流动中相聚

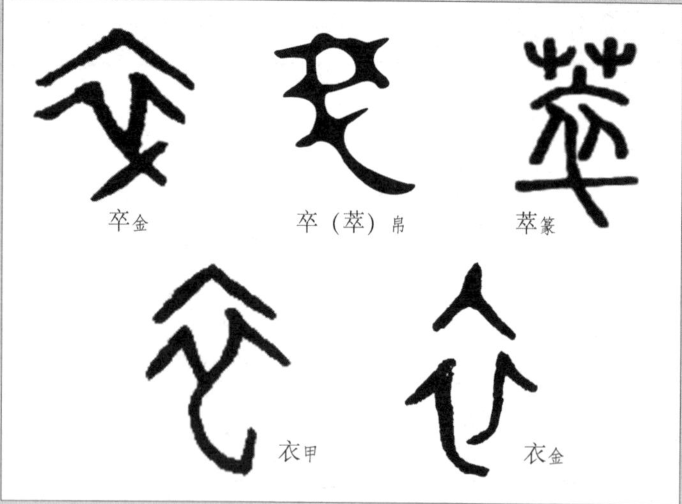

萃䷬

萃卦内卦为坤，外卦为兑。坤为地，兑为泽。萃卦为泽在地上，地上流动之物汇聚于泽，所以名之为萃。

《彖传》则说：“萃，聚也。顺以说，刚中而应，故聚也。”坤为顺，兑为说（悦），在和顺而愉快的环境中，人们自然愿意聚集在一起。“刚中”是指九五爻在上卦中位，为阳爻，处阳位。“应”指六二爻以阴爻应九五之阳爻，阴阳相应。“刚中而应”，各得其位，阴阳和洽，所以相聚在一起十分和谐。

“萃”，帛书作“卒”，是“萃”的本字，也是“悴”“猝”等字的本字，含有所列诸字之义。

“卒”，金文作“[illegible]”，是在“衣”字下面画了一道线，意思是在衣服上做个记号，指穿着画有一样记号衣服的一群人，类似今天穿所谓“号衣”的人，要么是罪犯，要么是奴隶，要么是兵士，这些人叫作“卒”，而这些人的特点是总会很多人聚在一起，所以有“萃”的义项。

荀爽认为，萃卦来源于否䷋，否的上爻由阳变阴而成萃卦䷬。

萃卦卦爻辞如下：

萃，亨，王假有庙。利见大人。亨，利贞，用大牲吉。利有攸往。

初六，有孚不终，乃乱乃萃，若号，一握为笑，勿恤，往无咎。

六二，引吉，无咎，孚乃利用禴。

六三，萃如嗟如，无攸利，往无咎，小吝。

九四，大吉，无咎。

九五，萃有位，无咎。匪孚元。永贞悔亡。

上六，赍咨涕洟，无咎。

萃，亨，王假有庙。利见大人。亨，利贞，用大牲吉。利有攸往。

遇萃卦可行享祭，王亲至宗庙主持。遇此卦有利于见地位高贵的人。举行享祭，有利于占问之事，祭祀用大的牺牲（一般指牛）则吉。有利于有所往。“假”，到的意思。

初六，有孚不终，乃乱乃萃，若号，一握为笑，勿恤，往无咎。

抓来的俘虏没看好，跑了，聚在一起作乱。主人因此哭号了半天，但又咯咯笑了。因为问题解决了，所以不用再为此担忧，前往不会有麻烦。“孚”即“俘”，一般指俘获的俘虏或者财物。“一握”，闻一多认为即“咿喔”，是笑的声音。先哭后笑，意为先凶后吉。“勿恤”，不用担忧。

六二，引吉，无咎，孚乃利用禴。

六二爻为内卦中位，又恰为阴爻当阴位，所以大吉，不会有问题，抓来的俘虏可以用于夏季的禴祭。“引”，闻一多考证为“弘”之讹，“弘”即“大”的意思，“弘吉”为词在甲骨卜辞中亦有佐证。“禴”乃一种祭祀，时在夏季。

六三，萃如嗟如，无攸利，往无咎，小吝。

聚在一起长吁短叹，愁眉不展，无所利。但前往不会有什么大问题，最多会有一点小困窘。

九四，大吉，无咎。

九四爻径作“大吉”，遇此爻不会有什么麻烦。

九五，萃有位，无咎。匪孚元。永贞悔亡。

九五爻为尊位，如占筮是否可得尊位，遇此爻则终得其位，不会有问题。如占筮是否能俘获对方的首领，则所获非其首领。如占问长久之事，则无悔吝之忧。“萃”，帛书作“卒”，“卒”即终的意思。“元”，参考九五之位，当为首领之义。

上六，赍咨涕洟，无咎。

捧着钱财一把鼻涕一把泪地哭，但不会有大的问题。“赍”是持的意思。“咨”，《集解》本作“资”，财物的意思。“涕洟”，“涕”为眼泪，“洟”为鼻涕。为什么抱着钱财哭得一塌糊涂，古人有不同的解释。荀爽认为，爻辞说的是亡国遗民被新朝封于他地的故事，如夏亡，东娄公被封于杞；殷亡，微子被封于宋。载着钱财上路，身背亡国之痛而远走他乡，所以才哭得一塌糊涂。

>>>

升：

不畏浮云遮望眼

升 ䷭

升卦内卦为巽，外卦为坤。巽为风、为木，坤为地。木生于地中，木向上生长，所以名之为升。《序卦》说：“聚而上者谓之升。”萃卦为聚，乃向下之聚。萃卦整个倒过来就是升卦，所以升卦之聚与萃卦恰好相反，是聚而向上。

升卦中的“升”字，帛书本作“登”，“登”“升”同义。

“升”本为量器，十合为升，十升为斗。所以“升”字本义为小斗。以甲骨文为例，“斗”作“[illegible]”，起初是一种有柄的盛器，形如今天的勺，同时也是北斗的形状，所以有时也指北斗。而“升”作“[illegible]”，斗中有小点，象征小斗。或许是升在容积量器升位中位于重要一环，十合登于升，十升登于斗，所以衍生出登义，有了上升的义项。

在后来的使用中，为了区别量器的升，派生了“陞”与“昇”。“陞”指拾阶而升；“昇”指日升，而类似日升的情况也用此“昇”字。

“登”字亦为由下而上之义。《说文》说：“登，上车也。”篆字作“[illegible]”，上面是两只脚，下面的“豆”字有人认为是鼓

量器升

形的登车石，“登”字意为脚踩登车石而上车。这种解释看似完美，但从金文来看，并非如此。“登”字金文作“”，除了上方的两只脚，还有下方的两只手，是以手奉物而登之形。而且，金文中还有省略了两只脚的“”字，只有以手奉物之形。可见“登”字由下而上的义项来自进奉的含义。“豆”字不是鼓形石，而是高足盛器“豆”。

升卦的“升”，不论作“升”还是“登”，都是由下向上之义。

升卦卦爻辞如下：

升，元亨。用见大人，勿恤。南征吉。

初六，允升。

九二，孚乃利用禴，无咎。

九三，升虚邑。

六四，王用亨于岐山，吉，无咎。

六五，贞吉，升阶。

上六，冥升，利于不息之贞。

升，元亨。用见大人，勿恤。南征吉。

遇此卦，可举行大型享祭。此卦可用以见地位高贵之人，不会有担忧之事发生。遇此卦，南征则吉。“勿恤”，不用担忧。

初六，允升。

初六为升卦之初，是方向的选定，所以是信然而升。“允”是诚然、信然的意思。

九二，孚乃利用禴，无咎。

抓来的俘虏可以用于夏季的禴祭，不会有问题。“孚乃利用禴”曾出现在萃卦的六二爻，可见萃卦与升卦的对应关系。“禴”，夏季的一种祭祀。

九三，升虚邑。

九三为内卦的最后一爻，即将升至外卦。外卦为坤，坤有邑象，三爻皆中虚，所以为虚邑。“升虚邑”，即升入虚空之邑。

六四，王用亨于岐山，吉，无咎。

“亨”即“享”。岐山为周地，所以，王当为周王。周王在岐山行享祭，此事为吉，不会有问题。

六五，贞吉，升阶。

六五爻为一卦之尊爻，所以占问之事为吉。处于尊位，则可带领众属登上阶梯，走上升之路。

上六，冥升，利于不息之贞。

上六为末爻，由白昼进入夜晚，所以是夜晚中的上升。夜晚还在上升，是夜以继日之升，所以有利于不停息之事的占问。

困：围城中的树

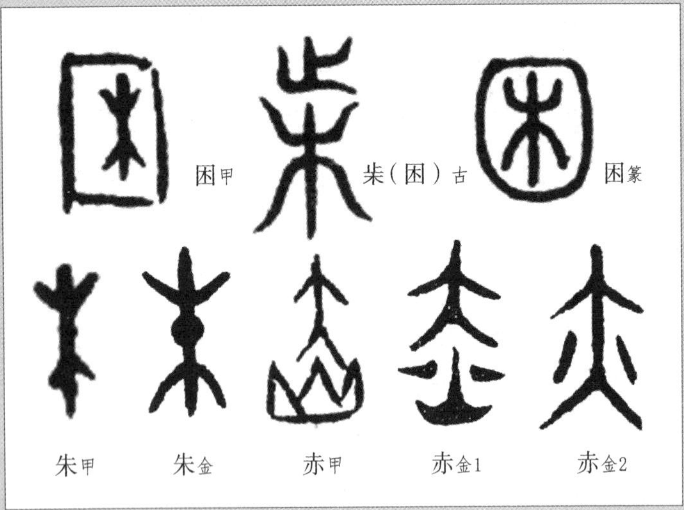

困 ䷮

困卦内卦为坎，外卦为兑。坎为水，兑为泽。水在泽下，象水漏于泽，则湿地干涸，水中动植物由此而遭遇困境，所以名之为困。同时，坎为阳卦，兑为阴卦，阳卦被阴卦压制，也是一种困象。

“困”，《说文》说：“故庐也。从木在囗中。朱，古文困。”段注：“困之本义为止而不过，引申之为极尽。”

“朱”被认为是“困”的古字，意为“止木”，是作为标志的“木”，至此为限，分为内外。所以，“朱”同“梱”“阃”等字。《说文》认为“梱”是“门橛”，而郑注《曲礼》则认为是“门限”，即今天所说的门槛。所以，“梱”“阃”都是内庭的意思，是女人居住活动的场所，外人至此止步。

这种以“朱”为“困”之古字的解释，稍显迂曲，因此，《六书本义》解释“困”时说：“木在囗中，木不得申。借为穷困、病困之义。”如此，则直截了当，应为“困”之本义。而早在甲骨文中，即有“困”的字形，写作“”，基本与后世的“困”字无区别，所以，把“朱”作为“困”的古字，未必正确。

所谓“困”，应该解读为树的四周被框住，树的生长由此受到限制，所以处于困境。

困卦象“泽无水”，自然是一种困境。

困卦卦爻辞如下：

困，亨。贞大人吉，无咎。有言不信。

初六，臀困于株木，入于幽谷，三岁不觌。

九二，困于酒食，朱绂方来。利用享祀，征凶，无咎。

六三，困于石，据于蒺藜。入其宫，不见其妻，凶。

九四，来徐徐，困于金车，吝，有终。

九五，劓刖，困于赤绂，乃徐有说。利用祭祀。

上六，困于葛藟，于臲卼，曰动悔有悔。征吉。

困，亨。贞大人吉，无咎。有言不信。

占筮遇此卦，可行享祭。用于占问地位高的人则吉，不会有问题。别人对自己有责难，却无法申辩。“言”通“愆”，责难。“信”通“伸”，在此意为申辩。

初六，臀困于株木，入于幽谷，三岁不觌。

初六在下位，以臀当之。“株木”当是杖刑用的木棍。“幽谷”为牢狱之地。“觌”，见。臀部被杖责，投入幽谷中的牢狱，好多年见不到外面的人。

九二，困于酒食，朱绂方来。利用享祀，征凶，无咎。

九二为内卦的中位，所以所遇困窘就不像初六那么糟糕，是喝多了酒、吃过头了饭带来的困窘，之所以会有此困窘，是因为有官方的人，不得不如此。但占筮遇此爻，有利于享的祭祀。不利于出征，总的来说没有问题。“朱绂”是贵族的官服，代指贵族。“朱”甲骨文作“𣎳”，金文基本同形，意思是红色树木的木心，以此代指红色。“绂”是蔽膝，缝在官服之外。王公贵族的蔽膝为红色，所以称作“朱绂”。

六三，困于石，据于蒺藜。入其宫，不见其妻，凶。

“困于石”是受困于石，即被捆绑在石上。蒺藜是围在牢狱之物的荆刺，防止犯人逃脱。“据于蒺藜”，即困于牢狱之中。等到此人被放出牢狱，回到家中，妻子已经不见了，是死是走也不知道，妻离子散的困境自然是凶象。

九四，来徐徐，困于金车，吝，有终。

被押在金车上，缓慢前行，此为困窘之象，但能乘于金车，非等闲之人，所以，终究会化险为夷，有一个好的结果。

九五，劓刖，困于赤绂，乃徐有说。利用祭祀。

九五爻的“劓刖”，《经典释文》说：“荀、王肃本作臲甈，云‘不安貌’。”“臲甈”，应该就是上六爻的“臲卼”，帛书本此两处均作“贰椽”，可见九五的“劓刖”与上六的“臲卼”应为同一词。竹书本上六的“臲”作“劓”，“劓”下之字模糊不清，无法识读。由此可见，此处的“劓”应为“劓”字之讹。“臲卼”是局促不安的意思。“赤绂”应同于九二的“朱绂”。“赤”字甲骨文作“”，金文作“”，是人在火上被烤得变红的样子。“说”，通“脱”。九五乃尊位，所以是困于王公贵族，尽管局促不安，但慢慢会有办法摆脱此窘境。遇此爻有利于举行祭祀。

上六，困于葛藟，于臲卼，曰动悔有悔。征吉。

上六的“葛藟”多有歧义。“葛”其实即作为搓绳的原料葛麻；“藟”，通“虆”，捆缚的意思。被麻绳捆得结结实实，因此局促不安。动则有悔事，有了一个悔事，会接二连三地有悔事。“动悔有悔”大概是“困于葛藟”的原因。占筮遇此爻，出征则吉。

井：乡邑的地标

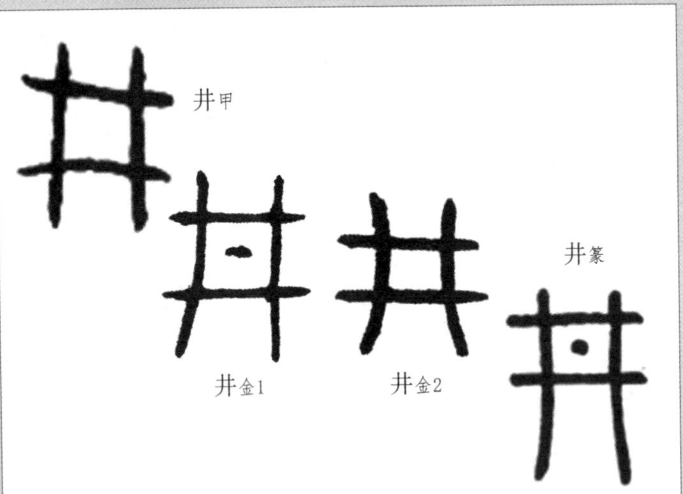

井 ䷯

井卦内卦为巽，外卦为坎。巽为风、为木，坎为水。井栏为木，水出井栏之上，象汲水于井，所以为井卦。

“井”字《说文》作“丼”，中间有一点，象从井中汲水。甲骨文作“井”，金文或作同形的“井”，或作“丼”，后者与《说文》同。

以甲骨文为例，“井”作“井”形，描画的是井栏之形，两横两纵，相互交叉，井口在其中。由此首先衍生陷阱的“井”，人为挖出的坑陷，与汲水的井十分相近，所以作“井”，后加偏旁为“阱”。

水井

而后又衍生井田的“井”。农业文明发展到一定程度之后，成片农田被开垦出来，从而使井田的出现成为可能。有了便于耕作的大片农田，古人在农田中修成纵横的阡陌，把农田分割成一块块方格，看上去犹如一个个“井”字相连，所以称之为“井田”。井田制是周代的基本土地制度，《孟子·滕文公上》记载：“方里而井，井九百亩。其中为公田，八家皆私百亩，同养公田。公事毕，然后敢治私事。”这大约就是井田制的基本框架。“井”字形农田恰好被分割为九块，周围八块为各家私田，而中心部分为公田，农民需先耕作中间的公田，然后才可以耕作自己的私田。

因为井田制整齐地划分了农田，而井田之间相连有序，所以，从井田又衍生“井井有条”“井然有序”的“井”的义项。

以上四条为“井”的主要义项。

井卦卦爻辞中的“井”多为原始的水井之义，所以竹书本中的“井”字索性在“井”下加了“水”的偏旁“”，写作“”，或许是当时专用于水井的“井”字，用以区别井田和陷阱的“井”。

井卦的卦爻辞如下：

井，改邑不改井，无丧无得。往来井井汔至，亦未繘井，羸其瓶，凶。

初六，井泥不食。旧井无禽。

九二，井谷射鲋，瓮敝漏。

九三，井渫不食，为我心恻，可用汲。王明，并受其福。

六四，井甃，无咎。

九五，井洌寒泉，食。

上六，井收勿幕，有孚元吉。

井，改邑不改井，无丧无得。往来井井汔至，亦未繘井，羸其瓶，凶。

改换了封邑，但新换的封邑旧井的状况未得到改善，此次改换，既无所失，也无所得。往来一口井一口井地查看，大多干涸并淤滞不通，也没有人穿掘疏浚，汲水的瓶子打碎了，是凶象。"汔"，水干涸。"至"，当借为"窒"，滞塞不通。"繘"，穿掘。"羸"，损毁。

初六，井泥不食。旧井无禽。

井里淤满了泥，不能饮用。旧井中无所收获。"禽"指收获。"无禽"与上六的"有孚"相对，一个指无所收获，一个指有所收获。而是否有所收获，可能是指九二"射鲋"的"鲋"，生长在井中的一种小鱼。

九二，井谷射鲋，瓮敝漏。

在井口用箭或利器射小鱼，结果小鱼没射到，把打水的瓮给打漏了。

九三，井渫不食。为我心恻，可用汲。王明，并受其福。

闻一多认为"渫"是污的意思，"心恻"即"沁测"，探测深水之意。井污浊不能饮用，为我探测井深之处，发现还是可以汲用的。由于王的圣明，百姓都泽被其福祉。帛书本"心恻"作"心塞"，亦可理解为疏通堵塞。

六四，井甃，无咎。

把井砌起来，没有问题。

九五，井洌寒泉，食。

得到修缮的井终于清澈了，井底涌出寒泉，可以饮用了。

上六，井收勿幕，有孚元吉。

井的修缮之事完成，无须盖上井盖，终于有所收获，大吉。

这是一个旧井从废弃到经过修缮后重新涌出清澈的井水，成为可饮用井的过程。

>>>

革：改头换面，常变常新

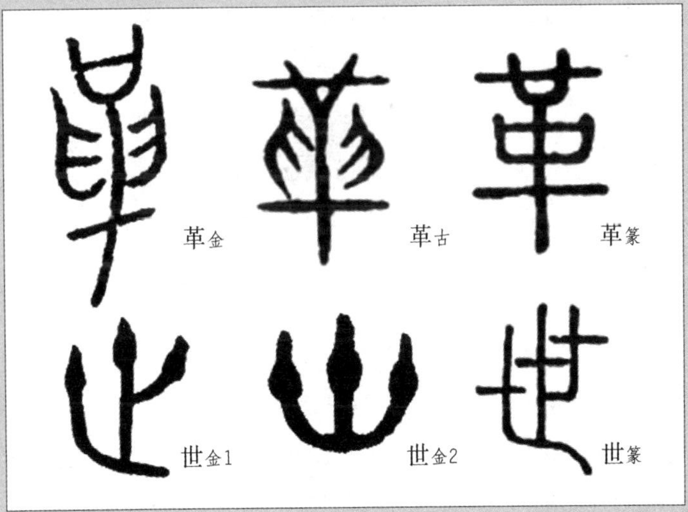

革䷰

革卦内卦为离，外卦为兑。离为日，兑为泽。泽在火之上，如果泽水下灌，则火灭；如果火势上炎，则泽水涸。不论是火灭，还是泽涸，都是一种变更，不再成其火或不再成其泽，所以卦名为“革”。

而从另外一个角度看，离为中女，兑为少女，如《彖传》言，内外为“二女同居”，二女难以相容，必然要发生改变，所以为革。

“革”，《说文》说：“兽皮治去毛曰革。”把兽皮上的毛去掉，则性状发生改变，是一种“革”。

《说文》古文“革”作“𠦶”，与金文“革”形近，《说文》说：“𠦶，古文革，从卅。卅年为一世而道更也。”而“世”字《说文》作“世”，是“从卅而曳长之”。由此可以看出“革”的另一个来源，即“世”的变更义。古时三十年为一个时间单位——“世”，而“世”字作“世”，是对“卅”的一种变形。“卅”字由三个“十”组成，中间一个大“十”，两侧各一个小“十”，加在一起为三十。三十年为一世，一世之后为另一个时间点的开始，所以衍生“革”义。而“革”字则为上面一个“廿”（二十），下面一个“十”，加在一起也是三十，所以“革”字表达的正是“世”的变更。《彖传》说：“天地革而四时成。汤武革命，顺乎天而应乎人。革之时，大矣哉。”无论是天地还是人，都需要“革”来除旧布新，以达成四时的更迭和人类的生生不息。所以“革”出现在恰当是时间点，其意义非同小可。

革卦中的“革”，或为皮革的“革”，或为更新、改变的“革”。

革卦卦爻辞如下：

革，巳日乃孚，元亨。利贞，悔亡。

初九，巩用黄牛之革。

六二，巳日乃革之，征吉，无咎。

九三，征凶，贞厉。革言三就，有孚。

九四，悔亡。有孚，改命，吉。

九五，大人虎变，未占有孚。

上六，君子豹变，小人革面。征凶，居贞吉。

革，巳日乃孚，元亨。利贞，悔亡。

祭祀之日抓获用于牺牲的俘虏，可举行规模更大的享祭。有利于占问之事，悔吝之事消失。“巳”即“祀”的古字。“孚”当指作为牺牲用的俘虏。

初九，巩用黄牛之革。

牢牢地捆住俘虏，用的是黄牛皮做的绳索。“巩（鞏）”，以皮革牢固捆绑。

六二，巳日乃革之，征吉，无咎。

原定的祭祀之日变更，占筮遇此爻，出征则吉，没有问题。

九三，征凶，贞厉。革言三就，有孚。

六二为内卦中位，“征吉”；而九三再往前行将遇水泽，所以“征凶”。占问之事也有危险。但一再改正错误，结果有所收获。“言”同“愆”，罪过、错误之义，则“革言”即改过。“有孚”即有俘获。

九四，悔亡。有孚，改命，吉。

悔吝之事消亡。虽有所收获，但还要改弦更张，为吉象。

九五，大人虎变，未占有孚。

九五为尊位，所以是大人之爻。大人改穿虎纹衣，或许因位尊有势，所以不用占问，就有所收获。

上六，君子豹变，小人革面。征凶，居贞吉。

上六为一卦之末，这一回君子改穿豹纹衣，小人顺从于君子，也换成与君子相匹配的脸谱。占问出征凶，占问安居则吉。即利居不利征。

>>>

鼎：好重的一口锅

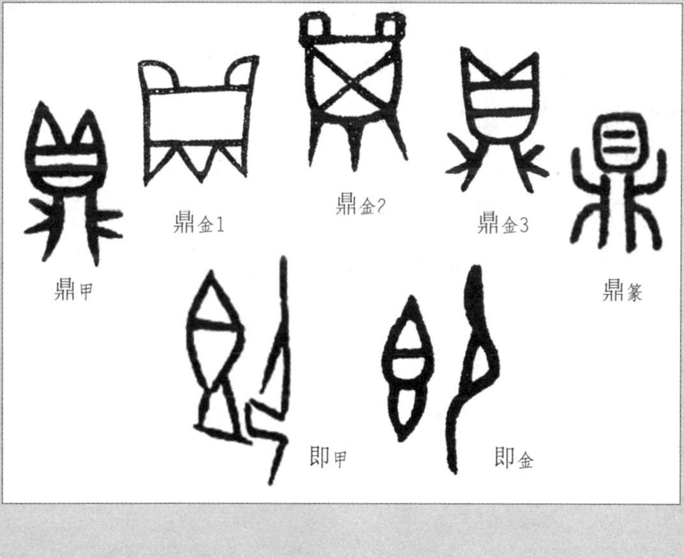

鼎䷱

鼎卦内卦为巽，外卦为离。巽为木、为风，离为火。以木生火，烹饪之象。而鼎为最具代表性的炊器，所以名作鼎。鼎卦上卦为两阳夹一阴，阳实阴虚，则有外实内虚之象，如鼎之口。下卦则为两阳在上，一阴在下，阴爻中断，犹如鼎下之足。上下卦相合，则成鼎象。

“鼎”字甲骨文、金文基本同形，如甲骨文作“”，金文作“”，是对实物鼎的一种描摹。而在金文中，还有更形象的写法，如“”“”等，犹如一幅鼎的简笔画。

作为烹煮之器的鼎出现很早，新石器时代早期即可以见到鼎的器形，如罐形鼎、釜形鼎等，均为陶器。鼎的器形应该起源于陶釜或者作为炊器的夹砂陶罐，使用时下面用石头或支座作为支撑，然后架柴烧煮。后来，为了省去垫支座的麻烦，将支座粘合到了器底，渐渐演变为鼎。后期的鼎形式多样，鼎足越来越高，器腹由深而浅。

进入青铜时代，铜鼎出现。贵族开始使用铜鼎，而寻常百姓依旧用陶鼎。对于古人来说，没有什么比食物更为重要，而鼎又是排在首位的食物烹煮器，所以，鼎的地位日隆。当礼仪制度逐渐完备之时，鼎自然成为至关重要的礼器。与鼎相配套的另一种礼器是簋，簋是食用时的盛器。在重大祭祀活动或丧葬中，逐渐形成了列鼎和列簋制度。如天子九鼎，诸侯七鼎，卿大夫五鼎，士三鼎或一鼎，均为奇数。而簋为相配的偶数，如八、六、四、二。

在夏、商、周三代，鼎的地位至高无上，甚至象征着国家政权，所以才有了楚庄王问鼎的典故。在鼎制作的年代，由于其地位的特殊，鼎的价值甚至比今天作为古董的价值还要高。

在礼器中鼎与簋往往搭配出现，而在《周易》中鼎与革关系则极为密切。将革卦䷰上下颠倒，即得到鼎卦䷱。《杂卦》中说："革，去故也。鼎，取新也。"革故鼎新，是事物发展的趋势，也是《周易》重要思想之一。

鼎卦卦爻辞如下：

鼎，元吉，亨。

初六，鼎颠趾，利出否。得妾以其子，无咎。

九二，鼎有实，我仇有疾，不我能即，吉。

九三，鼎耳革，其行塞，雉膏不食，方雨，亏悔，终吉。

九四，鼎折足，覆公𫗧，其形渥，凶。

六五，鼎黄耳金铉，利贞。

上九，鼎玉铉，大吉，无不利。

鼎，元吉，亨。

鼎卦为大吉之卦。遇此卦可举行享祭。

初六，鼎颠趾，利出否。得妾以其子，无咎。

初六在下位，与脚趾位置相当，所以有"鼎颠趾"之辞。"否"指废弃之物。把鼎足颠倒过来，有利于倒出残渣等物。妾有所得是因为生子，生子即可有保障，所以没有麻烦。

九二，鼎有实，我仇有疾，不我能即，吉。

九二为坤位，但为阳爻，阳为实，象鼎中有实，此“实”即鼎中的食物。“仇”指对方、伙伴。“即”为就食（既济卦中有详解）。“不我能即”，意为不能来我处就食。九二大意是：鼎中有食物，但我的伙伴因为有病，不能来一同就餐，我独享食物，也是吉象。

九三，鼎耳革，其行塞，雉膏不食，方雨，亏悔，终吉。

鼎耳坏掉了，道路不通，肥腴的野鸡肉吃不上，正下着雨，美味毁坏了，这是悔吝之事，但结果为吉。“革”是更变的意思，在此可理解为损坏。“雉”是野鸡。“膏”为肥肉。

九四，鼎折足，覆公餗，其形渥，凶。

鼎足折断，把公侯家的饭食给掀翻了，湿漉漉地洒了一地，是凶象。“餗”指鼎中的饭菜。“形渥”是食物洒了一地的样子。

六五，鼎黄耳金铉，利贞。

“铉”以往多释为抬鼎之杠，这种解读显然有问题。首先，“黄耳”与“金铉”并列，二者均应为鼎上之物。其次，上九爻有“玉铉”，如果是抬鼎的杠子，那么所用玉料的体量不可想象，而且玉石性脆，不可能负担鼎的重量。其三，铜鼎的出土量非常大，但从来没有发现类似的抬鼎器具。如果“铉”如此重要，不可能没有留下任何痕迹。所以即使将“玉铉”理解为嵌玉之物也说不通。基于以上分析，“铉”应该是鼎的配件或附属之物，如鼎盖、鼎口、鼎腹等处的环带装饰等。鉴于“金铉”“玉铉”在六五和上九，是一卦偏上的位置，所以“铉”是鼎盖的可能性更大。六五爻大意是说：鼎有金黄的鼎耳和鼎盖，遇此爻，有利于占问之事。

上九，鼎玉铉，大吉，无不利。

鼎有嵌玉鼎盖，是大吉之象，无有不利。

震：一声惊雷，大地复苏

震䷲

震卦为八经卦之一，内外皆为震。震为雷为动。十二消息卦中，一阳始生于下为复卦䷗。而在八经卦中自坤☷至震☳，亦有一阳始生之象。自纯阴而一阳始生，对应的季节是早春，晚秋季节雷藏于地下，经过一个冬天的蛰伏后始生于地。一声春雷，惊醒万物，大地复苏，渐渐呈现出一片盎然生机。震之为动，缘于由阴而阳的变化。阴为静，阳为动，从纯阴自下而变阳，象动始起，所以，震为动。而在正常情况下，我们所能见到的最大的动莫过于雷震，所以震为雷。

“震”字出自“辰”，而震卦中的“震”帛书本皆作“辰”，使用了“震”的本字。“辰”的本义为动的生发，派生出“震”“振”“娠”等字。

“震”初指雷震，雷震为雨之先兆，所以，“辰”上冠以“雨”。《说文》说：“震，劈历，振物也。从雨辰声。”“劈历”，现在写作“霹雳”，与雷同义。“振物”，即振动万物之复苏。“振”从“手”，是以手撼动。“娠”指孕中妇女感受到胎动。

“辰”是十二地支之一，以月论，夏历建寅，寅月为正月，则辰月当三月，正是雷震而万物复苏的季节。以时论，昼夜之间，辰时相当于早晨七点到九点，正是一日之内的开始，因此，这一时辰又称作“晨”，在“辰”字之上冠以“日”，是日出之“振”。

“辰”，《说文》说：“震也。三月阳气动，雷电振。民农时也，物皆生。”古“农”字不论写作“農”还是“辳”，都是以“辰”字为主干。关于“辰”字，段玉裁说：“《释名》曰：辰，伸也。物皆伸舒而出也。”可见，“辰”还有伸舒之义。

那么，“辰”的振动和伸舒之义从何而来？追溯其源流，可从甲骨文和金文中窥见其端倪。

“辰”字甲骨文作“[illegible]”，金文作“[illegible]”，二字相近。象蛤蚌之物打开外壳，伸舌取食。原来“辰”字字形始于“蜃”。蜃是一种大型的蛤蚌，古人认为野鸡入水后化为蜃。所以蜃也是一种神秘的软体动物。“蜃”在取食时需要打开硬壳，所以生发了动的义项。而将舌探出壳外，生发了伸的义项。由此可见，“辰”最初是“蜃”的本字，而“震”是其引申义。

蛤蚌

震卦从卦辞到各爻爻辞均有“震”字，此“震”字多指雷震。

震卦卦爻辞如下：

震，亨，震来虩虩，笑言哑哑，震惊百里，不丧匕鬯。

初九，震来虩虩，后笑言哑哑，吉。

六二，震来厉，億丧贝，跻于九陵，勿逐，七日得。

六三，震苏苏，震行无眚。

九四，震遂泥。

六五，震往来厉，意无丧有事。

上六，震索索，视矍矍，征凶。震不于其躬，于其邻。无咎，婚媾有言。

震，亨，震来虩虩，笑言哑哑，震惊百里，不丧匕鬯。

遇此卦，可举行享祭。电闪雷鸣，令人恐惧，但主事的人并未因此而乱了方寸，依然可以谈笑自若。雷霆大到震惊百里，祭祀中的人却能不为所动，手中的器具不会被震落。“虩虩”，帛书本作“朔朔”。“朔”即“愬”，恐惧的样子。“哑哑”是笑的声音。“匕”是古代类似调羹一类的取食用具。“鬯”类似“匕”，是取酒用具，也代指美酒。

初九，震来虩虩，后笑言哑哑，吉。

初九爻基本同卦辞前半部分。电闪雷鸣，令人恐惧，但主事的人并未因此而乱了方寸，依然可以谈笑自若。这是一种吉象。

六二，震来厉，億丧贝，跻于九陵，勿逐，七日得。

雷声传来，有危险，登上崇山峻岭之时，发现丢失了贝。但不用去找，七日之内可失而复得。“億”即“噫”，帛书本作“意”，是叹惜之辞。“跻”是登上。“九陵”指高高的山岭。

六三，震苏苏，震行无眚。

“苏苏”是缓慢而来的样子。雷声来得缓慢，因此雷行而不为灾害。“眚”指灾难。

九四，震遂泥。

雷坠入泥土之中。“遂”，《经典释文》说：“荀本作隊。”“隊”即“墜（坠）”的古字。

六五，震往来厉，意无丧有事。

六二为“震来”，六五与之相应，有往有来。“意”，《集解》本作“億”，同六二爻。雷声来来回回，有危险，但这一回没有丢什么东西。“无丧有事”即“无丧于事”。

上六，震索索，视矍矍，征凶。震不于其躬，于其邻。无咎，婚媾有言。

六三的“震苏苏”为雷声缓慢的样子，上六与六三对应，情况相反，为“震索索”，是雷声迅疾的样子。“矍矍”是眼神恐惧的样子，帛书本作“懼懼（惧惧）”。“婚媾”当指有婚姻关系的亲戚。“言”即“愆”，在此指灾害。雷声迅疾而来，人们眼神中充满了恐惧，以这种状态出征，结果自然好不了，所以为“凶”。雷电没有袭击自己的村落，却袭击了相邻的村落。对于自己来说没有问题，但邻村的亲戚遭了殃。

>>>

艮：

料青山见我应如是

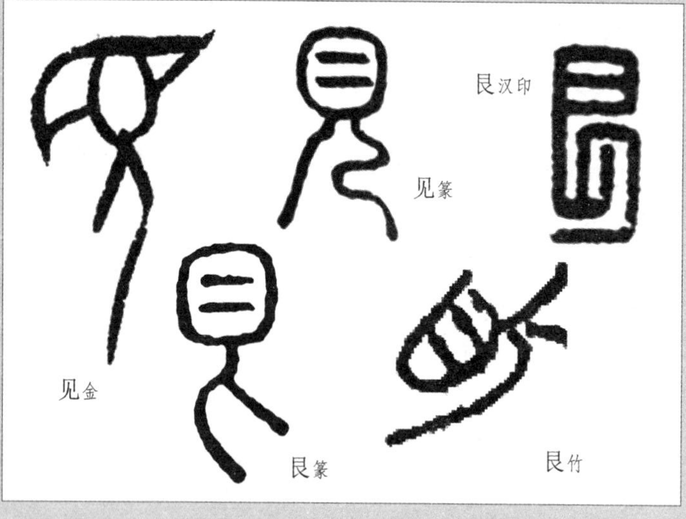

艮☶

艮卦为八经卦之一。艮卦两卦相重，内外皆为艮。阳为刚，阴为柔。坤卦三爻皆为阴，为柔顺之象。将坤上爻变为阳爻，象一刚在上，柔顺由下而上止于此，所以艮为止。坤为地，地的表面刚硬，呈现出山象，所以艮又为山。

“艮”字小篆作“”，上面为“目”，是人的眼睛；下面为“匕”，是一个反向的“人”。而竹书本的“艮”字作“”，眼睛在人的背上。“见”字甲骨文作“”，上面为“目”，下面是一个正向（向左）的“人”。“艮”和“见”的下方都是一个“人”，一个是反向的“人”，一个是正向的“人”，由此可见，“艮”就是反写的“见”，是一个人在回头看，高亨因此认为“艮”的意思为反顾。行进中的人，若要反顾，必须先停下来，所以才有了“止”的义项。

从由“艮”生成的字来看，也可以寻找到其中的脉络。如“很”“根”“限”。

首先，“艮”是“很”的本字。《说文》说：“艮，很也。”而“很”字，《说文》说：“一曰行难也。……一曰盭也。”行难就走不动，因为回头看，所以走不动。而“盭”即“戾”，意为乖张、违背，也源于“艮”的反向之义。

“根”字来自艮的“止”义。植物的种子无论用什么方式传播，一旦附着于某地，就不再挪移，停下生根发芽，变成一棵新的植物。所以“根”是最纯粹的“止”。

“限”的偏旁为“阜”，是高地的意思。因为地形高起，从而限制了前行的道路，所以只能止于此。每到极限，能走的方向只能与所限之路相反。

因转身而反顾，因反顾而止步，这就是“艮”的含义。

天地之间，最大的“止”莫过于山之止。山停在那里，岿然不动，诠释了“止”的内涵。

大山

宋代硕儒周敦颐十分推崇艮卦，他曾发出“一部《法华经》，只消一个艮字可了”的感叹。在《通书》中，他专门讲到了艮卦：“艮其背，背非见也。静则止，止非为也，为不止矣。其道也深乎。”转过背来，自然看不见。止于无所见之地则静，有静才有止，而止就是无所为，有为则非止。所以艮之道深不可测。

艮卦卦爻辞如下：

艮其背，不获其身；行其庭，不见其人，无咎。

初六，艮其趾，无咎，利永贞。

六二，艮其腓，不拯其随，其心不快。

九三，艮其限，列其夤，厉，薰心。

六四，艮其身，无咎。

六五，艮其辅，言有序，悔亡。

上九，敦艮，吉。

艮其背，不获其身；行其庭，不见其人，无咎。

从竹书“艮”字看，眼睛背在后背上，自然看不到全身。而走在其人的庭院里，也看不见有人。但结果没有问题。

初六，艮其趾，无咎，利永贞。

初六在下，是脚趾的位置，能停下脚步，则可以有思考和多种选择，所以，不会有问题，有利于占问长远之事。

六二，艮其腓，不拯其随，其心不快。

六二上升了一个位置，专注点到了小腿。这个位置相当于随从的位置，但由于随从的建议得不到采用，大家心中闷闷不乐。“拯”，帛书本作“登”，竹书本作“升”，均为在下而上的意思，“随”不得“升”，即其建议得不到重视和采纳。

九三，艮其限，列其夤，厉，薰心。

上下身体的界限在腰部，所以“艮其限”即“艮其腰”。专注于腰部，忽视了背部，结果背部的皮肉受伤开裂，情况危险，痛苦熏灼于心。“列”为“裂”的本字。“夤”指脊背上的肉。

六四，艮其身，无咎。

专注的位置上升到身体，没有问题。

六五，艮其辅，言有序，悔亡。

“辅”指脸颊。专注于面部，语言表达有章法，所以悔吝之事消失。

上九，敦艮，吉。

“敦”借为“醇”或“惇”。上九是艮卦的世爻，总领全卦，是纯粹的“艮”，即不含杂质的止观。能做到如此纯净的止观，自然为吉。

渐：飞得更高

渐䷴

渐卦内卦为艮，外卦为巽。艮为山，巽为木。山上之木，由小而大，渐次生长，所以卦名为渐。《序卦传》说："渐者，进也。"是"渐"为渐进之义。

《说文》释"渐"为"渐水"，是河流专用名。而段注解释说："按，走部有趣字，训进也。今则皆用渐字而趣废矣。"

"趣"字，《说文》释为"进也"，与《序卦传》《彖传》解释"渐"同。则《说文》中"趣"即《周易》中"渐"。段玉裁并以此断定许慎"所见《周易》卦名当如是矣"。所以，才有"渐"字行而"趣废矣"的结果。

事实上并非如段氏所推论，帛书本和竹书本《周易》卦名使用的都是"渐"字，而非"趣"，只是竹书本"渐"字中的"车"写作"堇"，而"水"放在下方，与"斳"形成上下结构。可见"渐"字未必比"趣"字晚出，也并非如段氏所说"渐"字行而"趣"字废。

但"渐"字的"渐进"义项，应始于对《周易》卦爻辞的解读，后来的"逐渐"之义当来源于此。

爻辞中的"渐"是指鸿雁飞进的位置次第升高，从初六到上九，分别为"鸿渐于干""鸿渐于磐""鸿渐于陆""鸿渐于木""鸿渐于陵""鸿渐于陆（阿）"，是由下而上的渐进。

渐卦卦爻辞如下：

渐，女归吉。利贞。

初六，鸿渐于干，小子厉，有言，无咎。

六二，鸿渐于磐，饮食衎衎，吉。

九三，鸿渐于陆，夫征不复，妇孕不育，凶。利御寇。

六四，鸿渐于木，或得其桷，无咎。

九五，鸿渐于陵，妇三岁不孕，终莫之胜，吉。

上九，鸿渐于陆，其羽可用为仪，吉。

渐，女归吉。利贞。

遇此卦，占女子出嫁吉。有利于占问之事。

初六，鸿渐于干，小子厉，有言，无咎。

鸿雁飞到岸边。小孩子有危险，但及时训导责骂，没出问题。“干”指水边。帛书“干”作“渊”；竹书作“[illegible]”，两边是“阜”，中间是“水”，应为“渊”的异写。可见早期多作“渊”，比“干”的位置更低。

六二，鸿渐于磐，饮食衎衎，吉。

六二鸿雁飞到的地方高了一些，在水边的土堆上。饮水吃食，优游自在，为吉象。“磐”帛书作“坂”，指岸边坡地。“衎衎”为快乐的样子。

鸿渐于干

九三，鸿渐于陆，夫征不复，妇孕不育，凶。

利御寇。

九三鸿雁飞到的位置又高了一些，在高平的地方。遇此爻，男子出征将不归，妇人怀孕将不育，是凶象。但有利于抵御来犯之敌。“陆”是高平之地。“妇孕不育”是一件非常奇怪的事，有两种可能性：一是未必怀孕，比如腹部有肿瘤之物，外观看起来像怀孕，实际上是疾病，这种情况自然不会生产；另外一种解释是流产。总之，怀孕了但没有生产，肯定不是好事。

六四，鸿渐于木，或得其桷，无咎。

“鸿渐于木”的“木”不是树，从后文的“或得其桷”看，应该是堆在岸边的木料。“桷”是建房的木材，与椽的作用相同，用来承架屋瓦，一般圆的叫“椽”，方的叫“桷”。鸿雁栖息于岸边的木材堆上。这些木材可用于制作桷，没有问题。

九五，鸿渐于陵，妇三岁不孕，终莫之胜，吉。

九五的山陵高于陆，也高于木，鸿雁飞的位置越来越高。九三是妇人孕而不育，而九五干脆就是“三岁不孕”。但尽管好多年不孕，由于处的位置是九五尊位，终究不会对她有什么妨害，乃吉象。

上九，鸿渐于陆，其羽可用为仪，吉。

上九的“鸿渐于陆”与九三重，有人认为是因为上九与九三为应，但不符合次第升高的“渐”，所以，闻一多等人认为“陆”当为“阿”之讹。“阿”为大的山陵，比陵还高。“其羽可用为仪”是说鸿雁的羽毛可以用于羽舞的仪式。此为吉象。

归妹：小乔初嫁了

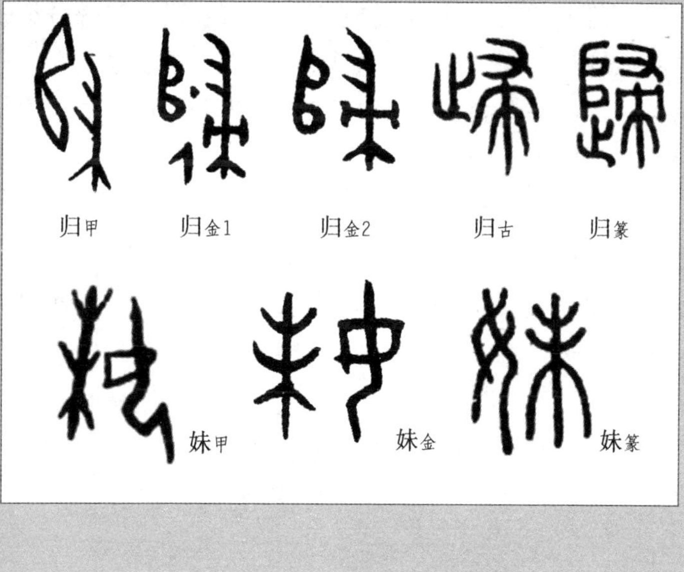

归妹 ䷵

归妹卦内卦为兑，外卦为震。兑为泽，震为雷，归妹卦为雷震泽上，是春天之象。万物皆荣于春，动植物纷纷以此季节生育。人应于天，春天也是古人男婚女嫁的最佳季节。因雷震于泽之时，适合出嫁，所以卦名为归妹。

归妹，即嫁女。兑在人为少女，震在人为长男，所以归妹是少女嫁长男之象。兑又为悦，震又为动。悦而动，也是男欢女爱之象，所以适合嫁娶。男女相配，才有人类的繁衍，所以男女之事是天地间至大之事。而男女交合，又象征天地万物之交合。《彖传》因此说："归妹，天地之大义也。天地不交，而万物不兴。归妹，人之终始也。说（悦）以动，所归妹也。"

"归（歸）"，《说文》说："女嫁也。从止，从婦省，𠂤声。"则"歸"由"𠂤""止""帚（婦）"三部分组成。"𠂤"，读若"堆"，本意亦当为"堆"，有人认为即小阜，意为比阜小一点的高地。甲骨文"阜"作""，而"𠂤"作""，则"𠂤"比"阜"少一个起伏。或因军队多依傍高地扎营，所以"𠂤"假为"师"。而其初意，当为小土堆。"止"为脚，是行走之义，金文中的""字从"彳"，即"行"，亦为行走之义。而"歸"字的主体部分为"帚"，在甲骨文中多假借为"歸"或"婦"。也就是说，"歸"字起初多作"帚"，"帚"即"歸"，甲骨文、金文皆如此。

"帚"字甲骨文作""，金文作""，为扫帚状。扫帚扫地，应为大头冲下，而"帚"字大头在上，且下方左右有支撑，所以“帚”字字形不是工作状态的扫帚，而是放置在架上的扫帚。将扫帚归放于架，所以具有了“归”的义项。

而“歸”字中的“𠂤”“止”，则强调了行走的“归”。虽然甲骨文、金文中多借“帚”为“歸”，但亦有与“歸”相近的字形，如甲骨文中的“”，金文中的“”，可以直接释为“歸”字。

“归（歸）”字古时多用于女子出嫁之义，如《诗经·周南·桃夭》：“桃之夭夭，灼灼其华。之子于归，宜其室家。”本卦“归妹”的“归”，也是出嫁的意思。因出嫁之后为家中主妇，主持与扫帚有关的家务，所以“歸”可以解释为来到夫家主奉帚之事。

“妹”，《说文》说：“女弟也。”一家之女，先生为姊，后生为妹。段注引《释名》说：“姉（即姊），积也。妹，昧也。”而后又引《白虎通》说：“姉者，咨也。妹者，末也。”可见，“妹”字到底是从“未”，还是从“末”，段氏难以断定。如从“未”，则以蒙昧而不更事来解释“妹”的含义，“妹”因年少，所以“昧”。如从“末”，则字当作“妺”，即夏朝妺喜的“妺”。“末”为枝梢，因以为义，排行末位之女称作“妹”。

甲骨文、金文都有“妹”字，分别写作“”“”。但并没有证据证明此“妹”字与姊妹的“妹”有关。所以，最早的“妹”到底从“未”还是从“末”，还难以定论。

长女为姊，少女为妹。八经卦之中，坤☷为母卦，是纯阴之卦，而另外三阴卦，一阴在下的巽☴为长女，一阴在中的离☲为中女，而一阴在末的兑☱为少女。

所以，归妹是少女嫁长男（震☳）之卦。

归妹卦卦爻辞如下：

归妹，征凶，无攸利。

初九，归妹以娣。跛能履，征吉。

九二，眇能视，利幽人之贞。

六三，归妹以须，反归以娣。

九四，归妹愆期，迟归有时。

六五，帝乙归妹，其君之袂不如其娣之袂良。月几望，吉。

上六，女承筐无实，士刲羊无血，无攸利。

归妹，征凶，无攸利。

遇归妹之卦，出征则凶，无有所利。

初九，归妹以娣。跛能履，征吉。

嫁女时以其妹妹陪嫁。跛足之人可以走路，出征则吉。“娣”指新娘的妹妹。“跛”指腿脚不便之人。“履”，意为行走。跛足之人尚能行走，所以有利于出征。

九二，眇能视，利幽人之贞。

九二的“眇能视”与初九的“跛能履”，均曾出现于履卦。“跛能履”是说腿脚不好还能走路，而“眇能视”是说眼神儿不好还可以看东西，都是说虽然有缺陷，但还可以行事。眼睛不好还能看，所以此爻有利于占问被幽禁之人。

六三，归妹以须，反归以娣。

“须”借为“媭”，即姐姐。嫁女时以姐姐陪嫁，但正嫁的妹妹被退回。

九四，归妹愆期，迟归有时。

嫁女误了期限。之所以迟迟不嫁，是因为有所待。“时（時）”在这里可能借为“待”。此爻的《象传》说：“‘愆期’之志，有待而行也。”

六五，帝乙归妹，其君之袂不如其娣之袂良。月几望，吉。

泰卦六五有“帝乙归妹”，此卦又是六五为“帝乙归妹”。六五为君位，却为阴爻，所以有君嫁女之象。“帝乙”当为商纣之父，嫁妹于周伯，即后来的周文王。“袂”为衣袖，指服饰。嫁为君后的新娘服饰却不如陪嫁妹妹的服饰华丽，或许是说，新娘无所谓服饰的好坏，是否有贤淑之德才是最重要的。“几望”，帛书本作“既望”。满月为望，既望则为满月后一两日。嫁女之日选在“既望”之日，是吉象。

满月为望

上六，女承筐无实，士刲羊无血，无攸利。

上六说了两种奇怪的现象：女人捧着筐，筐里面却是空的；男人用刀刺羊，羊却不出血。《周易》卦爻辞中常以这种反常现象为凶象，所以无有所利。“刲”，刺。

>>>

丰：盛大的奉献

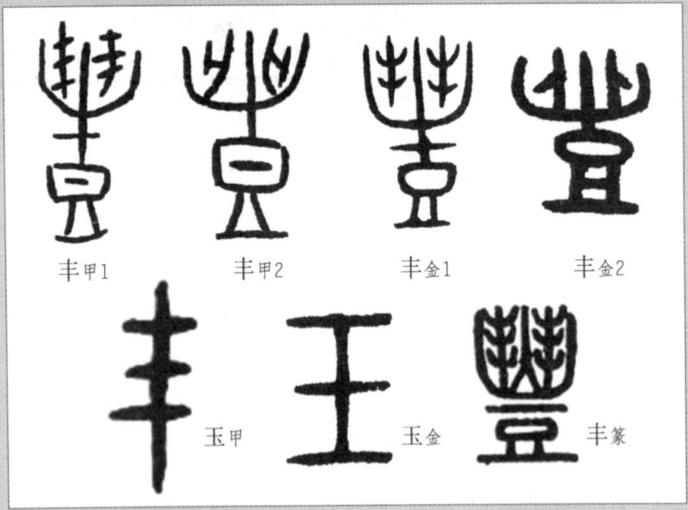

丰䷶

丰（豐）卦内卦为离，外卦为震。离为火，震为雷。丰卦之离火可视作电。《彖传》说：“丰，大也。”电闪雷鸣其势盛大，所以卦名为“丰”。

陶豆

“丰（豐）”，甲骨文主要有两种字形，一作“[illegible]”，一作“[illegible]”。金文与之对应，分别作“[illegible]”和“[illegible]”。二者一脉相承。从字形看，下面为“豆”，是古代的高柄盛器，一般盛食物，也是祭祀时的礼器。上半部分以“[illegible]”为例，应象豆盘中盛有成串的玉器。“玉”，甲骨文作“[illegible]”。

在甲骨文中，此字多用作“醴”或“礼（禮）”义，即“豊”字，一般认为，“豐”“豊”本同字。丰卦竹书本作“豐”，帛书本作“豊”，证明“豐”“豊”确为同字。以豆盛玉，或是礼（禮）的一种重要象征，所以“豊”初义为“禮”；而礼（禮）的仪式中须有酒参与，所以参与礼（禮）的酒为醴。参与礼（禮）的酒一定是甜美之酒，“醴”从而有甜美之义。礼（禮）为盛大之事，所以“豐”“豊”有盛大之义。二者分化之后，“豐”专用于丰大之义，“豊”加偏旁后专用于“禮”

和“醴”等相关义项。

丰卦的卦义为盛大，所以卦辞说“宜日中”。太阳位于中天，是太阳的威力最盛大之时。但盛大又意味着由盛转衰的开始，所以《彖传》说：“日中则昃，月盈则食，天地盈虚，与时消息，而况于人乎，况于鬼神乎？”无论是人还是鬼神，都逃脱不掉盛极则衰的命运。

丰卦卦爻辞如下：

丰，亨，王假之，勿忧，宜日中。

初九，遇其配主，虽旬无咎，往有尚。

六二，丰其蔀，日中见斗。往得疑疾，有孚发若，吉。

九三，丰其沛，日中见沬，折其右肱，无咎。

九四，丰其蔀，日中见斗。遇其夷主，吉。

六五，来章，有庆誉，吉。

上六，丰其屋，蔀其家，闚其户，阒其无人，三岁不觌，凶。

丰，亨，王假之，勿忧，宜日中。

占筮遇丰卦，可行享祭。王亲自来参加，不必担忧，享祭宜于正午举行。“假”，至。“日中”即正午。

初九，遇其配主，虽旬无咎，往有尚。

遇到女主人，十天之内不会有问题，往则会得到赏物。“配”，《经典释文》说：“郑作妃，云：嘉耦曰妃。”主人之嘉偶，即女主人。“旬”，从甲到癸一个轮回为十天。“尚”即赏。

六二，丰其蔀，日中见斗。往得疑疾，有孚发若，吉。

把搭在棚上遮光用的小席子加大一些，结果正午的时候北斗星现于空中。如有所往，则会得奇怪的病，抓获的俘虏也会有伤病。尽管如此，占筮遇此爻，终将逢凶化吉。“蔀”，遮光用的小席子。“斗”，即北斗。“日中见斗”意为正午北斗出现。《周易》卦爻辞中经常会出现一些反常或诡异现象，如“载鬼一车”“妇孕不育”“刲羊无血”等，“日中见斗”以及九三爻的“日中见沫”也是如此。大白天见到星星，除非是日食之时。“发”，或借为“废”字。

九三，丰其沛，日中见沫。折其右肱，无咎。

“沛”，朱熹说：“一作旆。”应是比“蔀”更大一些的遮挡物。“沫”通“昧”，小星星。“肱”，胳膊。把遮挡光的大布再加大，正午的时候星星现于空中。右胳膊折断了，但没事儿。

九四，丰其蔀，日中见斗。遇其夷主，吉。

九四再次出现“丰其蔀，日中见斗”的怪异现象。遇到常主，为吉象。“夷”即平常。

六五，来章，有庆誉，吉。

“来章”与“有庆誉”基本同义。“章”即彰显、彰扬。“庆誉”即好的荣誉。六五为君位、吉位，所以会有好多荣誉到来，所以是吉象。

上六，丰其屋，蔀其家，闚其户，阒其无人，三岁不觌，凶。

上六爻增大的是屋。“蔀”在这里做动词，“蔀其家”即用席子遮挡其家。好大的房子被遮挡住，从门缝里窥探，家里阒寂无人，而且是好多年不见人，可见是多少年没有住的空房子，所以是凶象。“闚”即窥。“阒”，阒寂。“觌”，见。

旅：走在路上的太阳

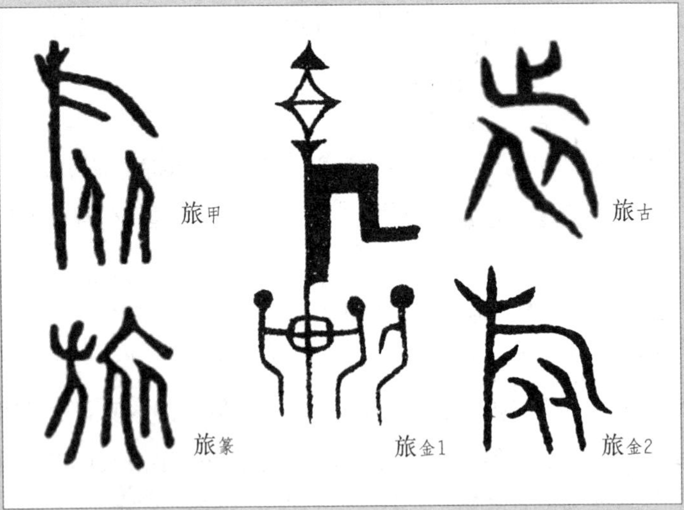

旅䷷

旅卦内卦为艮，外卦为离。艮为山，离为火、为明。日为最大的明，旅卦象日在山上。太阳升于东山，落于西山，完成一个由升到落的旅程，所以，卦名为“旅”。

“旅”，主要有两个义项：一是军队，一是旅行。

“旅”字甲骨文作“”，金文作“”，基本同形。上为旗形，下为二人前后相从，意为许多人聚集在大旗之下，是士卒列队于旗下的会意。所以，“旅”的本义为军旅。

军队聚集于旗下，要完成出行征伐的使命，所以衍生旅行之义。

旅卦的“旅”是旅行的意思，竹书本“旅”字加有“彳”“止”等构件，强调了“旅”的行走义，证明卦名“旅”是旅行的“旅”。

旅卦与丰卦为一对，将丰卦颠倒，则得旅卦。《彖传》在丰卦中阐发“日中则昃”的哲理，而在旅卦中则提出“止而丽乎明”的思维方式。艮为止，离为明，旅为“止而丽乎明”。“旅”为离家出行，旅途中有行有止，止可以休息，可以思考，为下一步的行做好准备，如果这种“止”“丽乎明”，即建立在洞彻的观察和思考基础上，那么旅行就会变得轻松，如卦辞所说：“旅贞吉。”

旅卦卦爻辞如下：

旅，小亨。旅贞吉。

初六，旅琐琐，斯其所取灾。

六二，旅即次，怀其资，得童仆贞。

九三，旅焚其次，丧其童仆，贞厉。

九四，旅于处，得其资斧，我心不快。

六五，射雉，一矢亡。

上九，鸟焚其巢。旅人先笑后号咷，丧牛于易。

旅，小亨。旅贞吉。

占筮遇旅卦，可举行小型享祭。占问旅行之事为吉。

初六，旅琐琐，斯其所取灾。

旅途中为一些琐碎的事所羁绊，此乃取祸之道。“琐琐”，原义为玉器碰撞发出的细碎声响，比喻细小琐碎的事。“斯”，高亨等解释为“离”，则“斯其所”即离开居住的地方。“斯”由“其”“斤”组成，“其”甲骨文作“”，当是簸箕的形状，是“箕”的本字；“斤”是斧子。以斧劈开簸箕，表达离析的意思，所以“斯”的本义为离析。但“斯”后多借为“此”，帛书本、竹书本中的“斯”字均作“此”，因此这里的“斯”是“此”的意思。此爻是提醒出外旅行的人不要拘泥于一些琐碎的小事，不然会给旅途带来很多麻烦。

六二，旅即次，怀其资，得童仆贞。

旅行中歇脚在旅舍，身上带着钱财，占问遇此爻，可获童仆。“次”，金文作“”，连连打哈欠的样子。打哈欠说明人处在困倦状态，需要休息，所以有歇脚住宿的意思；而人在困倦的状态下，效率下降，态度不积极，远不如状态好的时候，所以“次”有差一等的意思。此处“次”的意思为前者。

九三，旅焚其次，丧其童仆，贞厉。

九三为内卦艮的末爻，紧靠外卦离火。结果旅舍着火，得到的童仆跑掉了，占问遇此爻则有麻烦。

九四，旅于处，得其资斧，我心不快。

“处”即“止”，也是路上住所的意思。“资斧”同六二的“资”，指路上带的钱财。九四爻再次住在旅舍，丢掉的钱财又回来了，但本来想得到的童仆没有回来，因此心里不痛快。

六五，射雉，一矢亡。

六五为外卦离之中爻，离为火、为日，鸟飞于天，火性上炎，日行于天，所以离亦为鸟象。六五爻说：只用了一支箭，就射中了野鸡。

上九，鸟焚其巢。旅人先笑后号咷，丧牛于易。

上九的“鸟焚其巢”犹如与之相应的九三“旅焚其次”，都是其栖息的场所被焚烧。旅人开始不能防患于未然，最后导致无处安身的结局，所以“先笑而后号咷”，哭得一塌糊涂。不仅如此，自己的牛也丢失在国界上。“易”即疆埸，边界的意思。

此卦的“丧牛于易”以及大壮卦的“丧羊于易”，顾颉刚认为指的是王亥的故事：王亥曾做客于有易国，最后因为淫乐，不仅丢了性命，还丢了牛羊。所以顾颉刚认为“易”指有易国。

巽：松林听风

巽 ☴

巽卦为八经卦之一，上下两巽相叠。经卦巽☴，两阳在上，一阴在下，象阴顺服于阳，上下卦“皆柔顺乎刚”（《彖传》）。“巽”即顺即逊，因此以“巽”名卦。自然界中，风有顺性，而风看不见、摸不着，但从风吹树叶发出的响声，可以感受到风的存在，所以巽为风、为木。

“巽”字几乎专用于《周易》卦名，很少在其他场合中使用。

《说文》收有“巺”字，字形作“巺”，段注：“巺今作巽。”则“巺”即“巽”。《说文》说：“巺，具也。”说的应是“馔”义。而从字形看，象两个跪着的人被献于台（“丌”）上。《说文》释“丌”为“下基”，段注：“平而有足，可以荐物。”《说文》

松林听风

释上面的“𢀩”字说：“二卪也。巺从此。”说明“巺（巽）”来源于“𢀩”。

甲骨文中有“𢀩”字，即《说文》中的“𢀩”，很可能是“巽”的本字。两个跪着的人，象征着驯服、顺从，听从于主人之命，是“巽”的本义。

但《说文》释“巺”为“具”，当取献俘虏于台上之义，为“内（纳）”、为“入”，是巽卦三大象（风、木、入）之一。巽卦初六爻辞：“进退，利武人之贞。”一直十分令人费解，历代的解释都很牵强，而且歧说纷纭，直到帛书本的出现，破解了这一谜案。帛书本初六爻辞为：“进内，利武人之贞。”“内”即“纳”，“进内”即“进献”，将战争中抓获的俘虏献于“丌”上，这是“馔”字义项的来源。由此，爻辞的疑惑迎刃而解：能够将俘虏献于台上，自然是利于武人的占问。

巽卦卦爻辞如下：

巽，小亨。利有攸往。利见大人。

初六，进退，利武人之贞。

九二，巽在床下，用史巫纷若，吉，无咎。

九三，频巽，吝。

六四，悔亡。田获三品。

九五，贞吉，悔亡。无不利，无初有终。先庚三日，后庚三日，吉。

上九，巽在床下，丧其资斧，贞凶。

巽，小亨。利有攸往。利见大人。

占筮遇巽卦，可举行小型享祭。对有所往有利。有利于见地位高的人。

初六，进退，利武人之贞。

初六的“进退”，帛书本作“进内”，即“进纳”，是进献俘虏的意思。有所进献，说明出师有收获，所以是有利于武人之占问。

九二，巽在床下，用史巫纷若，吉，无咎。

九二爻的“床”，高亨认为是病人所卧之处，可从。“巽”在此是趴伏的意思。上古时有病往往求助于巫，巫、医本不分，所以“医（毉）”字从“巫”。“用史巫纷若”，是说用一拨一拨史巫来为病人看病。病人卧伏在床下，请来一拨一拨的史巫来看，结果是病可治愈，所以为吉，没有大问题。

九三，频巽，吝。

九三爻的“频”可以径释为频繁、连续。帛书本“频”作“编”。“编”的本义是把简编连起来，在此也是连续的意思。频繁卧伏，肯定是得了比较麻烦的病，所以困窘。

六四，悔亡。田获三品。

六四爻情形不同，悔吝之事消失。而且打猎大有收获，打到三种不同的动物。“田”，田猎。

九五，贞吉，悔亡。无不利，无初有终。先庚三日，后庚三日，吉。

九五爻阳爻处尊位，占问之事为吉，没有悔吝之事。而且无事不利，尽管开始不顺，但结果非常好。在十天干甲、乙、丙、丁、戊、己、庚、辛、壬、癸中，比庚早三天是丁日，比庚晚三天是癸日，按此爻，丁日、癸日皆吉。先某三日，后某三日，加本日，共计七日，在《周易》中，七日为一个循环。

上九，巽在床下，丧其资斧，贞凶。

上九为巽卦走到尽头，又回到了不利的情形，病人趴在床下，钱财丢了，有病又没了钱，占问遇此爻当然是凶。

>>>

兑：少女的快乐

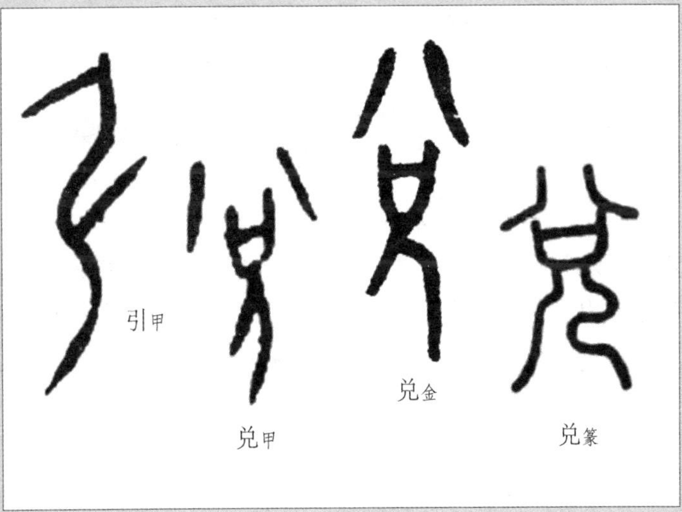

兑 ䷹

兑卦为八经卦之一，将巽卦颠倒即得兑卦。兑卦内外卦皆为兑，一阴在上，二阳在下，阴为虚，阳为实，上虚下实，为开口状。《彖传》说：“兑，说也。”此“说”即“悦”字。喜悦则开口笑，所以卦名为兑。

“兑”是“说”“悦”“锐”等字的古字。

“兑”字甲骨文作“”，由“八”“口”“人”组成。说话时人要开口，所以“兑”为“说”的本字。喜悦时人也要开口，所以“兑”也是“悦”的本字，而古时“悦”多写作“说”，如《论语·学而》：“学而时习之，不亦说乎？”

而在甲骨文中“兑”字多作“锐”义，为快速的意思。或也本自“悦”之义，如“快乐”的“快”既有“愉悦”的义项，也有“快速”“锋锐”的义项。

兑的卦象主要有泽、口、少女等。其中泽象或许也来自开口于上之义。而少女义来自爻位的排列，阴为女，一阴在初为长女，一阴在中为中女，一阴在末为少女。

兑卦的卦爻辞极为简略，如卦辞三字，初九爻三字，六三爻三字，上六爻两字，所以很难读解卦爻辞的原意。一般将卦爻辞中的“兑”随《彖传》读作“说（悦）”，可以将卦爻辞讲通，但如果将“兑”读作“锐”亦可讲通。

兑卦卦爻辞如下：

兑，亨。利贞。

初九，和兑，吉。

九二，孚兑，吉，悔亡。

六三，来兑，凶。

九四，商兑未宁。介疾有喜。

九五，孚于剥，有厉。

上六，引兑。

兑，亨。利贞。

占筮遇兑卦，可行享祭。利于占问之事。

初九，和兑，吉。

从初九爻开始，将“兑”分别作“说（悦）”和“锐”两种解读。一解：和而愉悦，所以吉。二解：和而锋锐，所以吉。

九二，孚兑，吉，悔亡。

九二的“孚”字，帛书本有“言”字旁，而在其他地方，帛书本多作“復”，可见此处的“孚”义有不同，应是信孚的“孚”。一解：信服而愉悦，为吉象，悔吝之事消亡。二解：信服而锋锐，为吉象，悔吝之事消亡。

六三，来兑，凶。

来的方向是由远而近，由外而内。一解：愉悦自外来，不是来自内心，所以是凶象。二解：锋锐之物由外而来，受伤的是己方，所以是凶象。

九四，商兑未宁。介疾有喜。

九四的“商”帛书本作“章”，彰显的意思。“介”即“疥”，疥癣之类的疾病。一解：虽然喜悦显现，但尚未安宁。占问疥癣之病，则即将痊愈。二解：锋锐显露，说明还有战事，未得安宁。占问疥癣之病，则即将痊愈。

九五，孚于剥，有厉。

九五的“剥”为剥落，剥落是老化的表现。九五虽有所收获，但收获的节点是在衰落之时，所以这种收获会有麻烦。

上六，引兑。

上六的“引”帛书作“景”，“景”是“大”的意思。所以此处的“引”当为“弘”。甲骨文“”，或释为“引”，或释为“弘”，二者当为一字。“弘”和“景”一样，也是“大”的意思。一解：大悦。二解：大锐。上六为兑卦之末，其势达到极点，即将走向反面。

>>>

涣：风吹水散

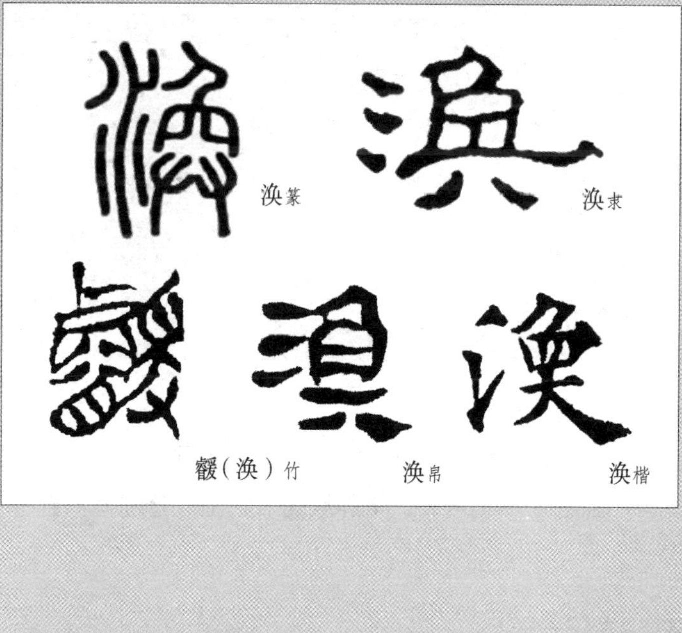

涣 ䷺

涣卦内卦为坎，外卦为巽。坎为水，巽为风、为木。《象传》说："风行水上，涣。"水上起风，则水势增大，所以卦名为"涣"。而《彖传》在解释卦辞"利涉大川"时又说："乘木有功也。"巽为木，木在水上，象乘舟浮于水。因此，如果占筮涉川之事，遇此爻为吉。

"奂"是盛大的意思，"涣"则为水势盛大的样子。水势过于盛大，则会形成水患，所以李镜池释"涣"为洪水。

水势盛大，决堤而出，则会四散奔流，由此生发"涣散"的义项，后世的"涣"字多用此义。

风吹水散

但从卦爻辞看，"涣"如直接释为水患，则难与所断吉凶契合。卦辞为"利贞"，爻辞从初六到上九分别为"吉""悔亡”“无悔”“元吉”“无咎”“无咎”，竟无一为不利。这或许是从洪水的另一面来理解，如果水势适度，冲刷了污浊，则未必不是一件好事。《周易》的辩证智慧可谓无处不在。高亨在解读爻辞时，则采用了“冲洗”说。实际上“洪水”义和“冲洗”义二者并不矛盾，只是事物的正反两个方面。

涣卦卦爻辞如下：

涣，亨，王假有庙。利涉大川，利贞。

初六，用拯马壮，吉。

九二，涣奔其机，悔亡。

六三，涣其躬，无悔。

六四，涣其群，元吉。涣有丘，匪夷所思。

九五，涣汗，其大号。涣王居，无咎。

上九，涣其血去，逖出无咎。

涣，亨，王假有庙。利涉大川，利贞。

占筮遇涣卦，可行享祭，王亲自赴宗庙参与祭事。此卦为有利于渡大河之卦，所占之事有利。“假”是到的意思，“王假有庙”即王亲自来到庙。

初六，用拯马壮，吉。

占筮遇此爻，可用于拯救马伤，经过救治，马伤会痊愈，所以为吉。“壮”借为“戕”，受伤的意思。

九二，涣奔其机，悔亡。

九二爻的“机”帛书本作“阶”，即台阶。水势盛大，冲上台阶，但没有带来什么灾害，反而洗刷了台阶上的污垢，没有了悔吝之事。

六三，涣其躬，无悔。

洪水冲到身体上，但没有造成伤害。

六四，涣其群，元吉。涣有丘，匪夷所思。

洪水冲到了好多人的身体，但没有造成灾难，此为大吉之事。水势盛大，一直冲到山丘之上，其势之壮观，为一般人所难以想象。“匪”即“非”。“夷”为平常、一般情况。

九五，涣汗，其大号。涣王居，无咎。

“汗”是水盛大无际的样子。水势盛大无边，令人恐惧，所以见到的人大声号哭。尽管洪水冲到了王的居所，但并没有造成伤害。九五为尊位，所以洪水到达了王居。

上九，涣其血去，逖出无咎。

上九乃一卦之末，其势将盛极而衰。如此，洪水之忧患会逐渐远去，即使出远门也不会有问题。“血”借为“恤”，忧患、忧虑。“逖”，即远。

节：生命的韵律

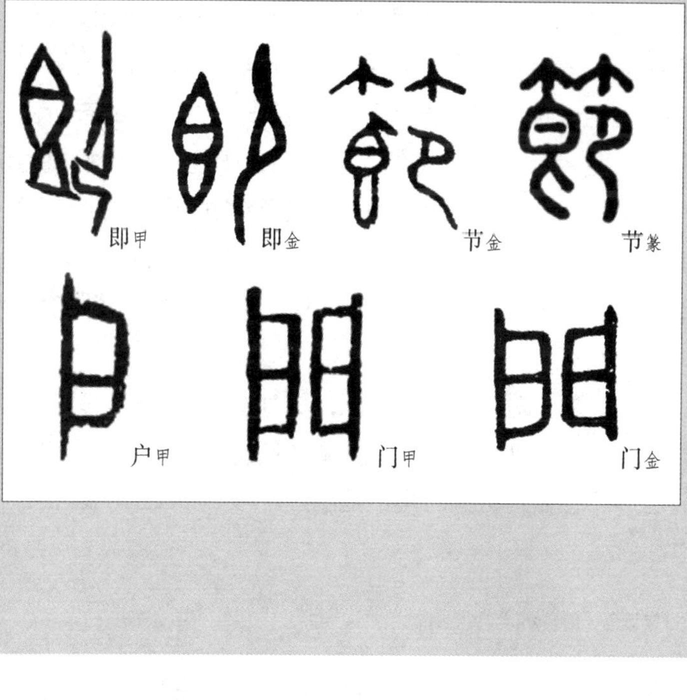

节䷻

节卦内卦为兑，外卦为坎。兑为泽，坎为水。水在泽上，则有水溢之患，需加以节制，所以卦名为“节”。

“节(節)”，金文作“”，篆文作“”，上“竹”下“即”，最初指竹节。“即”，初义为就食，就食则需停顿。竹子一段一段的停顿，就是竹节。

节的主要义项为节律和节制。“节”是《周易》认识论中的重要智慧之一，《彖传》说：“天地节，而四时成。节以制度，不伤财，不害民。”这里的“天地节”说的是大自然的规律，天地间万事万物都有各自的节奏，节奏的变化造就万象之壮美。“节”是万物根本规律之一，比如昼夜的变化、四时的变化、动植物生长过程中的变化等。不论是音乐还是美术，如果没有节奏或节奏没有变化，美感则无以表现。只有顺应这种节奏，所做的事情才可以完成。如光的不同波长表现出纷繁的色彩，音的不同波长表现出丰富的音阶。这种频率就是大自然最基本的节奏。而量子物理揭示物质的根本是所谓的“超弦”，这种弦的规律振动形成了所谓的基本粒子，我们所处所见的大千世界根本上是由无数的有一定节奏的弦组成的。因此，这个世界才显现出节奏的特性。如果节奏停止，则万物泯灭。

《周易》对“节”的认识，是对事物本质的深刻理解。如果用以指导现实生活，用最通俗的话说，即该做什么的时候做什么，不该做什么的时候不做什么。

节卦卦爻辞如下：

节，亨。苦节，不可贞。
初九，不出户庭，无咎。
九二，不出门庭，凶。
六三，不节若，则嗟若，无咎。
六四，安节，亨。
九五，甘节，吉，往有尚。
上六，苦节，贞凶。悔亡。

节，亨。苦节，不可贞。

占筮遇节卦，可行享祭。如果处在苦于节制的状态，则所占之事不可行。

初九，不出户庭，无咎。

初九与九二爻辞近似，一作“不出户庭”，一作“不出门庭”。以甲骨文为例，“户”作“”，“门”作“”，显而易见，“户”为单扇门，“门”为双扇门，所以二者的区别应该是门的大小。屋门小，为“户”；院门大，为“门”。在爻辞中或无区别，只是相近文字的一种变文。“庭”即庭院。初九《象传》说：“不出户庭，知通塞也。”意思是通则出户庭，塞则不出户庭。初九不出户庭，是因为知其“塞”，知其塞而不出，所以“无咎”。

九二，不出门庭，凶。

九二虽然也是“不出”，但未必是一种正确选择。《象传》

说：“不出门庭凶，失时极也。”不能机械地认为，只要不出门就不会出事，是出门时机却不出门，一样会有凶事。可见知“节”（通塞）的重要性。

六三，不节若，则嗟若，无咎。

如果没有节制，就避免不了会有叹息、懊悔的事。明白了这个道理，就不会有问题。“若”指一种状态。“嗟”即嗟叹，是因懊悔而发出的嗟叹。

六四，安节，亨。

安于节制，则事亨通。

九五，甘节，吉，往有尚。

甘于节制，则会有吉的结果。以此心态前往，会获得好处。“尚”即“赏”。

上六，苦节，贞凶。悔亡。

节卦之末，苦于节制。苦于节制就会不肯节制，所占之事结果为凶。若能以此为戒，悔吝之事则会消亡。

中孚：外刚而内柔

中孚䷼

中孚卦内卦为兑，外卦为巽。兑为泽，巽为风。风自上而下，如来自上方的政令、恩惠等；泽如百姓，处于下位。风行于泽，如上恩被泽于民，从而使民信从，所以卦名为“中孚”。

“中”字甲骨文作“”，金文基本同形，作“”。象画地为中，然后将旗杆插于中，标识中的位置。其中方框为所画中地，中间一竖为旗杆，上下所缀物为斿，即旗上所饰飘带。

“中”的概念是儒家代表性智慧之一。所谓“中”，是非此端，非彼端，亦非正中，是在此端和彼端之间的一种动态平衡。如果刻意守在正中，也是一种极端。因此，“中”的思想是反对极端。从造字看，中杆上的斿或飘于左，或飘于右，“中”的整体并不在正中。可见“中”的观念由来已久。

佛家同样也有“中”的概念，如“中道”思想，与儒家观念极为相似，反对执着于两个极端，同时也反对执着于正中。提倡放下所有的偏执，行于“中道”之中。

“孚”字甲骨文作“”，金文作“”。爪下有幼童。一象禽类孵卵，幼崽在爪之下，是“孵”的本字。二象以手抓童，是“俘”的本字。因禽类孵卵时伏在卵上，有浮在其上之象，所以又是“浮”的本字。

在《易传》中，多释“孚”为信义。“信”的义项应源于孵化周期的可预测性，每一种禽类都有大体相同的孵化周期，时间一到，幼禽就会破壳而出，如期降临世间，所以可信度极高。

卦爻辞中的“孚”本义则多为“俘”的意思，或指俘虏，或指俘获的财物。如本卦的九五爻“有孚挛如”，是说俘获的财物连成串，丰富至极。

中孚卦中有两个“中”，如《彖传》所说：“中孚，柔在内而刚得中。”“柔在内”为一“中”，“刚得中”为一“中”。柔在内即柔在中，上下各有两根阳爻包围中间两根阴爻，此为柔（阴）在中。刚得中则指上下两卦的中爻即九二、九五均为阳爻，此为刚（阳）在中。这就是一种动态的中，除了初九、上九的极端之位，其余各爻站在不同角度看均合中道。

中孚卦的中间两爻为阴爻，阴为虚，有中虚之象，与舟相合。古时刳木为舟，中间被挖空，所以也是中虚之象。而从内外卦来看，上巽为木，下兑为泽，象舟浮于泽，所以有卦辞“利涉大川”之说。中虚以得浮，即中虚以为用，亦为中道思想的佐证。中孚所得卦名或许与此有关。

中孚卦卦爻辞如下：

中孚，豚鱼，吉。利涉大川，利贞。

初九，虞吉，有它不燕。

九二，鹤鸣在阴，其子和之。我有好爵，吾与尔靡之。

六三，得敌，或鼓或罢，或泣或歌。

六四，月几望，马匹亡，无咎。

九五，有孚挛如，无咎。

上九，翰音登于天，贞凶。

中孚，豚鱼，吉。利涉大川，利贞。

“豚鱼”指小猪和鱼，这两种食物是祭祀中比较普通的祭品。占筮遇中孚卦，用小猪和鱼祭祀即可。此卦还有利于渡大河，也有利于其他的占问之事。

初九，虞吉，有它不燕。

“虞”为一种祭礼。《仪礼》中有一篇《士虞礼》，记载的就是这种祭礼。据郑玄的注释，虞礼是指将父母安葬之后，中午时分在殡宫举行的祭祀仪式，目的是让父母的灵魂得到安宁，所以是一种安魂礼。“它”本义为蛇，引申为意外之灾。“燕”则为燕礼，《仪礼》也有专门的一篇《燕礼》，记载的是宴饮之礼。“燕”通“宴”。初九爻的意思是说：占筮虞礼，遇此爻为吉。而如果有意外的事情发生，不要举行燕礼。

九二，鹤鸣在阴，其子和之。我有好爵，吾与尔靡之。

九二爻完全是一首朗朗上口的诗，前面说有一只鹤在树阴

鹤鸣在阴

下鸣叫，它的孩子们就随着它一起鸣叫。后面说我得到好的酒具（爵），用它来和好朋友一起喝酒。这是一幅其乐融融的画面，或许就是燕礼的场面吧。

六三，得敌，或鼓或罢，或泣或歌。

“得敌”的“敌”，从后面“或鼓或罢”看，应该是指作战中的敌人。“罢”帛书本作“皮”，当借为“鼙”，也是一种鼓，是军队用的便于携带的小鼓。在战争中俘虏了敌人，胜利者大鼓小鼓敲起来，庆祝胜利；失败者哀叹被俘的命运，有的哭泣，有的唱悲伤的歌。

六四，月几望，马匹亡，无咎。

“月几望”帛书本作“月既望”，指满月后的几天。满月后的几天里，马匹丢了，但没有关系。六四进入外卦，外卦为巽，巽为木，泽上之木为舟，因为有舟可用，马匹丢了也无大碍。

九五，有孚挛如，无咎。

九五或许承接于六三，打败了敌人，俘获了一大批财富，没有什么问题。

上九，翰音登于天，贞凶。

“翰音”即鸡。并不擅长飞翔的鸡飞到了天上，不会有好的结果，所以占问遇此爻为凶。

>>>

小过：

瑕不掩瑜

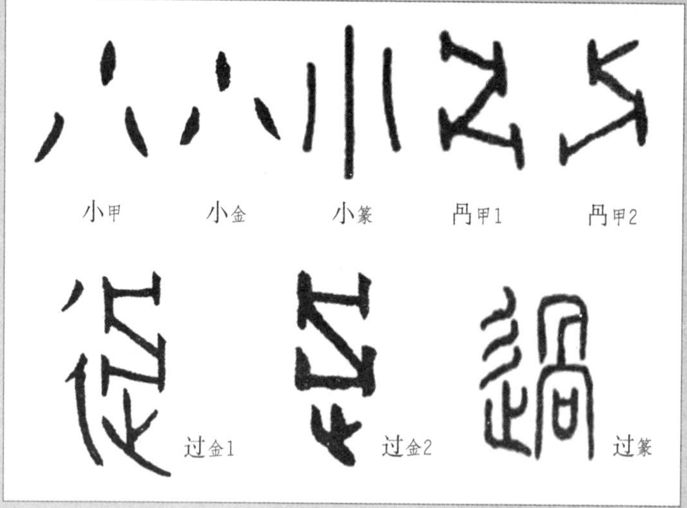

小过䷽

小过卦内卦为艮，外卦为震。内卦阳爻在上，外卦阳爻在下，上下卦两阳爻比邻，形成中刚外柔的卦形，与中孚的两阴在内正好相反。小过卦不仅和中孚卦互为对卦，而且与大过关系密切。大过是中间四阳并列，两头由阴爻包裹，形成所谓“本末弱”的态势；而小过两头的阴爻向内部进一步渗透，中间的阳爻减少为两爻。

艮为山，震为雷。小过的内外卦位置关系为山上有雷。从《象传》看，山比贤人君子，雷比刑罚。对贤人有罚，说明贤人有过。既为贤人，有过一定是小过，如有大过，就不能称作贤人了。因此，卦名为“小过”。

“小”字甲骨文作“”，金文作“”，基本同形，通过描摹细小颗粒表示“小”的义项，与“大”形成反义。

“过”字在“大过”条目中做过解读。事物的状态可以概括为三：不及—恰当—过。从中道观来看，非中道者不是“不及”就是“过”，所以“过犹不及”，两者其实是一回事。“过”的初义是超过了恰当的界限，即过度，从而衍生过错、罪过之义。

那么，小过卦中的过有哪些？《象传》中举过几个例子：“君子以行过乎恭，丧过乎哀，用过乎俭。”行本应恭，丧本应哀，用本应俭，但过了头就成了问题。如行过于恭，则显得虚伪谄媚；丧过于哀，则对自身造成伤害；用过于俭，则显得吝啬不随和。而类似的小过不过是人的缺陷而已，不妨碍人的品性。

《周易》总是以独到的思维方式解读世界，对小过卦也是一样。小过卦辞最终的结论是“大吉”，有“小过”却能“大吉”，充分体现了《周易》的智慧。世上没有完美的事物和完美的人，所谓完美的事或完美的人，要么不真实，要么是毁灭的前兆。所以追求完美其实就是追求错误，或者说是追求毁灭。少阴、少阳将继续得到发展的机会，而老阴、老阳则走到了尽头。如果真的完美了，那么一切行将结束。所以说人有小过，才能“大吉”。

小过卦卦爻辞如下：

小过，亨。利贞。可小事，不可大事。飞鸟遗之音，不宜上，宜下，大吉。

初六，飞鸟以凶。

六二，过其祖，遇其妣。不及其君，遇其臣。无咎。

九三，弗过防之，从或戕之，凶。

九四，无咎。弗过遇之，往厉，必戒，勿用永贞。

六五，密云不雨，自我西郊。公弋取彼在穴。

上六，弗遇过之，飞鸟离之，凶，是谓灾眚。

小过，亨。利贞。可小事，不可大事。飞鸟遗之音，不宜上，宜下，大吉。

占筮遇小过卦，可举行享祭。利于占问之事。此卦对小事有利，但对大事不利。听见天空飞鸟传来的声音，不宜于地位高的人，宜于地位较低的人，此卦为大吉之象。

初六，飞鸟以凶。

飞鸟过是凶象。

六二，过其祖，遇其妣。不及其君，遇其臣。无咎。

六二为坤位，为阴为臣，所以“过其祖，遇其妣”，“不及其君，遇其臣”。“祖”是祖父，“妣”是祖母。初爻为阳位，六二为阴位，则六二的位置越过了祖父的阳位，恰好遇到祖母的阴位。君位在五爻，二爻为臣位，君位还不到，恰好在臣位，所以“不及其君，遇其臣”。遇此爻没有问题。

九三，弗过防之，从或戕之，凶。

还没有达到过度的程度，但是需要防微杜渐。如果听之任之，就会遭受其害，是凶象。“从”即“纵”，放纵，不管束。“戕”，伤害。

九四，无咎。弗过遇之，往厉，必戒，勿用永贞。

九四在六五之下，还没有达到六五，因此是没有过，即将“遇之”。占筮遇此爻没有问题。没有过，即将遇到。往前走有危险，一定要慎之又慎。不要用于占问长久之事。

六五，密云不雨，自我西郊。公弋取彼在穴。

六五为君位，所以说“公”事。浓密的乌云从西郊而来，却没有下雨。在外打猎的公侯用矰缴射中了一只鸟，最后在鸟巢找到了这只被射中的鸟。“弋”，用带缴的箭射鸟。

上六，弗遇过之，飞鸟离之，凶，是谓灾眚。

上六在六五之上，过了六五爻，因此没有遇到，已经错过了。飞鸟被网住，是凶象，是谓灾难。“离”，帛书本、竹书本均作“罗”，网鸟的网子。

既济：水与火的缠绵

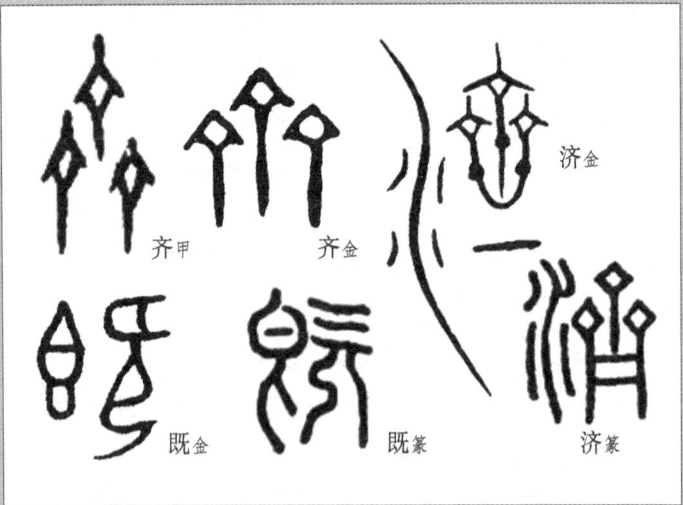

既济 ䷾

既济卦内卦为离，外卦为坎。离为火，坎为水。火炎上，水下行，火在下而水在上，象水火相交，水火相交而万物得成，所以名为“既济”。关于卦名，也有人认为，是水覆于火，象以水救火，水势出于上风，火势出于下风，火因而得以扑灭，所以名为“既济”。

“既”字与“即”关系密切。“即”，《说文》说：“即食也。”即现在所说的就餐。“即”甲骨文作“”，象一个人跪在食具前用餐，如《说文》所说的“即食”，则“即”有将要、接近等义项。而“既”字甲骨文作“”，象一个人吃饱了，转过头打嗝，表示一件事情已经完成。有的字形作“”，不仅转过头，干脆把身子也转过来，表示不再吃饭，强调了“完成”的义项。因此，“即”是“将要”的意思，而“既”是“已经”的意思。“即”是未来式，“既”是过去式。

与此相关的字，在甲骨文中还有“”和“”。“”是两个人相向而食，是“郷（嚮）”“饗（飨）”“卿”等字的本字。而“”字在“饗（飨）”的义项上与“”字基本相当，不同的是“”是两个人开始相向就餐，而“”是两个人酒足饭饱，美食已经享受过了。

“济”字由“水”和“齐”组成。除了作为河流名称的“济水”外，还有渡过、完成的意思。“齐”字，《说文》认为象麦穗齐平之形。但从甲骨文看，“齐”作“”，显然不是麦穗，而是三支箭头。“齐”的义项来自三箭齐飞的意象，虽有

高有低，但飞行到速度是一致的。因为古代东夷人善射，所以在古济水一带的东夷人称作“齐”，后来姜太公都营丘，沿用了“齐”的名称，称作“齐国”。济水之名，则来自于齐的地名。而“济”的渡过之义项，也来自于“齐”的齐备之义，既已齐备，说明处于完成状态。

既济卦水在火上的意象，单纯理解为以水灭火似乎过于简单。与下一卦未济相配，既济和未济应该说的是两种状态，即水火交通和水火不交的状态，犹如泰的天地相交和否的天地不通。比如中医所说的心肾交通和心肾不交。心为火，肾为水，火下于水，则心火可暖肾水，百病不侵。而与之相反，如上热下寒，心火炎于上，肾水凝于下，则水火互不相交，百病丛生。由此看见，既济和未济，应指水火相交和水火不交的两种状态。

既济卦卦爻辞如下：

既济，亨，小利贞。初吉终乱。
初九，曳其轮，濡其尾，无咎。
六二，妇丧其茀，勿逐，七日得。
九三，高宗伐鬼方，三年克之，小人勿用。
六四，繻经有衣袽，终日戒。
九五，东邻杀牛，不如西邻之禴祭，实受其福。
上六，濡其首，厉。

既济，亨，小利贞。初吉终乱。

遇此卦，可举行享祭。小利于占问之事。开始的时候吉，但最终有乱。

初九，曳其轮，濡其尾，无咎。

初九在下，所以与“轮”“尾”之位相当。车轮不转动，拽拉即可转动。过河时只是湿了尾巴，可见水并不深，所以没有问题。未济卦卦辞说：“小狐汔济，濡其尾。”此处的“濡其尾”，亦当指狐尾。

六二，妇丧其茀，勿逐，七日得。

六二位于下卦正中，为坤之正位，当妇德，所以说妇人之事。妇人丢失了车前的帘子。但不要去寻找，七天之内会失而复得。“茀”，《说文》说：“道多草不可行。”段注：“毛诗借作蔽厀（膝）。”朱熹用引申义，认为是“妇车之蔽”，即挡在妇人车前的帘子。

九三，高宗伐鬼方，三年克之，小人勿用。

“高宗”指殷王武丁。“鬼方”是殷商时期活跃于西北方的方国。九三爻说的是当年殷王武丁征伐鬼方之事，战争打了三年，终于打败了对方。小人遇此爻则不要有所行动。

六四，繻有衣袽，终日戒。

“繻”帛书作“襦”，一种短袄。“袽”指破衣服、旧棉絮。穿的短袄破旧漏絮，从早到晚都要小心警惕。

九五，东邻杀牛，不如西邻之禴祭，实受其福。

九五为尊位，说的是王事。殷在东，周在西，所以东邻、西邻可能指的是殷和周。以牛为牺牲乃太牢，有太牢的祭祀是大型祭祀。而禴为薄祭，是一年中最简单的祭祀。殷用隆重的祭祀，而周用简单的祭祀，隆重的祭祀却不如简单的祭祀更能获得神灵赐予的福祉。看来是否受到上天的佑护，并不完全取决于祭祀的厚薄。

上六，濡其首，厉。

初九是“濡其尾”，水浅无害。而上六“濡其首”麻烦就大了，水深没顶，危险不言而喻。

未济：水与火的分手

未甲　未金　济金　济篆

未济 ䷿

未济卦内卦为离，外卦为坎。离为火，坎为水。未济与既济相对，是既济的颠倒之象。既济为完成渡水，而未济为没有完成渡水。

“未”字甲骨文作“”，金文作“”，基本同形。《说文》说：“象木重枝叶也。”在甲骨文和金文中，“木”基本作“”，上部左右各有一个分支，而“未”字多一重，象树的枝叶茂密。树叶茂密，遮挡更加严实，树叶背后的情况就看不清，有幽昧之象，所以“未”的本义当为“昧”。因为“昧”，看不清甚至看不见，所以被遮挡住部分的情形就变成未知，由此衍生出“未”的义项。

关于“济”字，在“既济”条目下有解读，此处从略。

未济与既济相反，既济卦颠倒，即可得未济。

如果既济卦理解为水覆火上，象水灭火，那么，未济是火在水上，无法灭火，所以，名为“未济”。但在自然界中，火无法燃于水之上，因此，将既济和未济理解为水灭火和水无法灭火，似乎并不确当。

既济和未济的本义，应为水火相交和水火不交。交则得通，不交则闭塞。如天地交与不交的泰、否，既济与未济的水火相交与否，不是指物象的水火关系，而是指水与火内质、属性之间的关系。如太阳是最大的火，火本炎上，但阳光照于大地，为火下之象。大地上的江河湖海，以及含在土壤中的水，通过太阳的蒸发，一反就下之性，蒸腾于天空而为云，呈水上之象。

但水的就下之性最终起到决定性的作用，云化而为雨，重现水下火上之象。从卦象看，这是一个既济卦与未济卦的循环之象。水蒸为云，云化为雨，大自然中这种云雨的不断循环往复，造就了生机勃勃的自然界。既济与未济的本义于此。

既济与未济是生命循环中的两个互相衔接的环节，因此，彼此其实并没有优劣之分。在既济的节点既济，在未济的节点未济，问题不在于既济还是未济，而在于“时”与“不时”，如既济九五之《象传》所说：“东邻杀牛，不如西邻之时也。”杀不杀牛不是关键，“时”与“不时”才是关键。这是《周易》的智慧所在。

未济卦与既济卦不仅卦象关系密切，而且卦爻辞也互有联系。如既济卦初九爻的“曳其轮，濡其尾”两句，分别出现在未济卦初六（濡其尾）和九二（曳其轮）；既济卦九三有“高宗伐鬼方，三年克之”，未济卦上升到九四“震用伐鬼方，三年，有赏于大国”；既济的上六与未济的上九则都有“濡其首”。

未济卦卦爻辞如下：

未济，亨。小狐汔济，濡其尾，无攸利。

初六，濡其尾，吝。

九二，曳其轮，贞吉。

六三，未济，征凶。利涉大川。

九四，贞吉，悔亡。震用伐鬼方，三年，有赏于大国。

六五，贞吉，无悔。君子之光有孚，吉。

上九，有孚于饮酒，无咎。濡其首，有孚失是。

未济，亨。小狐汔济，濡其尾，无攸利。

遇此卦，可举行享祭。小狐狸眼见要渡过河，却弄湿了尾巴，无有所利。“汔”，朱熹说：“几也。”但帛书本作“气”，应通“讫”，“汔济”或指已经过了河。小狐狸过了河，却发现湿了尾巴。

初六，濡其尾，吝。

初六处于一卦之最下位，相当于“尾”的位置。小狐狸过河弄湿了尾巴，遭遇困窘。

九二，曳其轮，贞吉。

拉拽轮子前行，占问遇此爻为吉。

六三，未济，征凶。利涉大川。

六三直接面临外卦的坎水，是未济的状态。遇此爻，出征不利。但利于涉渡大河。在未济之前未雨绸缪，所以利于涉渡大河。朱熹等人认为“利涉大川”之前应有“不”字，但帛书本和竹书本都作“利涉大川”，并未有“不”字，恐非有所脱漏，而是原爻辞如此。吉凶的互相转换正是《周易》的真谛之一。

九四，贞吉，悔亡。震用伐鬼方，三年，有赏于大国。

九四的后半部分接续于既济卦的九三爻，还是讲武丁伐鬼方的事。“震”是指王师的气势，威武而有震慑力。九四在六五君爻之下，是跟随其君的位置，则此爻的“伐鬼方”，有可能指周伯跟随殷王武丁出征的事，三年征战，战胜鬼方，受到“大国”殷的赏赐。九四爻的大意是：占问之事为吉，悔吝之事消失。殷王统帅各方之师浩浩荡荡征伐鬼方，周伯在三年战事中有功，受到大国殷的赏赐。

六五，贞吉，无悔。君子之光有孚，吉。

六五为君位，所占之事吉，没有悔吝。君子光彩照人，因为有所收获，是为吉象。

上九，有孚于饮酒，无咎。濡其首，有孚失是。

有所收获，饮酒以庆，不会有问题。但高兴过了头，犹如过河淹没了头部，收获的又会失去。

后记

孔子曾说过两句话，一句是：“加我数年，五十以学易，可以无大过矣！”还有一句是：“五十而知天命。”两句话放在一起比较，就可以看得出，“易”和“知天命”是相关联的。在孔子看来，易是一门“知天命”的学问。关于“知”，我们在这里把它理解为探知、探索，从语义上看好像更贴近些。“天”呢，是无所不包的意思。“命”则是一种运行法则。那么“知天命”就可以理解为探索宇宙运行法则，即探索天道。易者，道也。因此，学易其实就是探索天道。

也许，人只有到了五十岁，才能真切感受到孔子“五十以学易”的含义。从接触《周易》，到这本小册子的完成，差不多有二十年的时间了。也许正是受到孔子这句话的触动，才在过了五十岁以后，把学易这么多年零零碎碎的感受整理出来，亲身体验了一把“五十以学易”的感受。

说实话，读《易》这么多年，很少起卦。《周易》起初虽然是一部卜筮书，但更是一种成熟的辩证法，是一种终极智慧的思维方式，如果掌握了这种思维方式的精髓，在许多时候就可以不占而知，这也许就是所谓“善易者不占”的缘故吧。当然，这只能是一种追求的方向，在学易的过程中，学得越久，发现不知道的越多，现在侈谈掌握，还差了千里万里。因此，应该说起卦只是为了更深地理解《周易》，不常起卦则是为了追求正确的学易方向。这也许是我“五十以学易”的一点感受吧。

这本书名字叫作《100字读懂〈周易〉》，是从分析文字入手的通俗读物。100字其实并不是一个确指，从题目上看，不到100字；从实际分析的文字看，又远远超过了100字。所以，100字只是一种泛指。从分析文字入手的确是一种捷径，《周易》成书的年代距今已有两千多年，文字发生了很大变化，而且在流传过程中出现了很多错讹，所以，要想理解《周易》，剖析文字是必须做的功课。我们这个时代是一个幸运的时代，汉唐以来多少饱学的先贤因为没有甲骨文、金文做参考，走了许多弯路。尤其对于《周易》学来说，竹书、帛书等出土文献的现身，为我们解开了许多谜团。倾心对待这些来之不易的出土文献，探索其中的文字奥妙，也是对古人和这个时代的感恩。

这本书分成两个部分，上篇总论《周易》和《周易》学，为了避免给读者带来阅读负担，篇幅比较小，希望读者能在轻松阅读中对《周易》有一个浅显的理解，为学易做个铺垫。但正如一开始交代的那样，其中部分段落，如果不加实际演示，理解起来仍然有一些难度。遇到这种情况，我的参考意见是，或者把节奏放慢，甚至实际操作一下，或者暂时跳过去，看完全书后如果感到有兴趣，再回头去读，或者干脆省略不读。下篇是《周易》经文的解读，在解读过程中常常引用《易传》的内容，所以，像跟随《易经》部分的传文，其大意也基本有个交代。这一部分的难点，是那些讲爻位对应关系或者爻位变化的文字，如果不用心对应着看，也会让人感到头痛。但以二维的卦爻，表现动态的五维世界（空间三维＋时间维＋意识维），是易学重要的表达智慧，实在不能避而远之。希望读者理解。

“遂古之初，谁传道之。”探索未知是人类的天性，当年古人作《周易》如此，今天的我们研读《周易》亦如此。

最后我突然想起个问题，我们学易是为了什么。是为了算卦，是为了“无大过”，还是为了满足探索的欲望？

我一时对这个问题还真有点发懵，不知您有什么高见。

一苇

丙申年三月下浣

图书在版编目（CIP）数据

100字读懂《周易》/ 一苇著．—济南：齐鲁书社，2016.8

ISBN 978－7－5333－3574－8

Ⅰ.①1… Ⅱ.①一… Ⅲ.①《周易》—通俗读物 Ⅳ.①B221-49

中国版本图书馆CIP数据核字（2016）第199167号

100字读懂《周易》

一 苇 著

主管单位	山东出版传媒股份有限公司
出版发行	齊魯書社
社　　址	济南市英雄山路189号
邮　　编	250002
网　　址	www.qlss.com.cn
电子邮箱	qilupress@126.com
营销中心	（0531）82098521　82098519
印　　刷	山东德州新华印务有限责任公司
开　　本	880mm×1230mm　1/32
印　　张	10.75
插　　页	3
字　　数	232千
版　　次	2016年8月第1版
印　　次	2016年8月第1次印刷
印　　数	1—4000册
标准书号	ISBN 978－7－5333－3574－8
定　　价	29.00元